普段でも、特別な日でも身につけられる

華やかなつまみ細工のアクセサリー

かのは 著

CONTENTS

004 普段でも、特別な日でも身につけられる
つまみ細工のアクセサリー

022 ## つまみ細工を始めよう
1. 必要な道具
2. 材料
3. 基本テクニック

029 ## Part 1
基本の丸つまみと剣つまみ
1. 丸つまみのピン
2. 剣つまみのピン

034 COLUMN　基本の丸つまみと剣つまみをアレンジ

037　Part 2
基本のつまみ+アレンジで
いろいろな作品を

037	2重丸つまみのかんざし	080	両面配置の花かんざし
043	2重丸つまみのコーム	081	1本箸のかんざし
045	2重剣つまみの菊のクリップ	084	カラフル玉のかんざし
048	八重桜のショールピン	086	くす玉のかんざし
050	2重桜型丸つまみのショールピン	088	桔梗の飾りコーム
051	変わり丸つまみとファーのネックレス	089	椿のバッグチャーム
053	薔薇のロングネックレス	091	重ね梅のバッグチャーム
056	一輪玉薔薇のスカーフクリップ	092	松竹梅のコーム
059	二輪玉薔薇のスカーフクリップ	096	ひまわりのクリップピン
	玉薔薇のピアス	097	ひまわりの飾りゴム
061	玉薔薇の指輪	098	マーガレットのカチューシャ
	三角薔薇のブローチ	099	3色の小花のイヤホンジャック
063	三角薔薇のシューズクリップ	100	枝垂れ桜のコサージュ
064	なでしこの2wayクリップ	103	赤菊のピアス
067	もみじの帯留め		黒梅のピアス
069	もみじのバレッタ	104	赤梅のイヤリング
071	胡蝶蘭のコーム	105	蝶々のイヤリング
074	胡蝶蘭のチョーカー	106	大輪菊のクリップ
075	丸菊と小さな菊の帯飾り	107	七五三の髪飾り
077	蝶々の帯飾り	110	大輪薔薇のかんざし
079	クローバーの帯飾り		

普段でも、特別な日でも身につけられる
つまみ細工のアクセサリー

丸つまみと剣つまみの
シンプル髪飾り
➡ P29~

基本の丸つまみ、剣つまみだけでも
生地を変えるだけで表情はさまざまに変わります。
コットン生地で気軽に作ってみましょう。

八重桜のショールピン
➡ **P48**

リバティ生地で作るカジュアルな桜モチーフです。
ふっくらとした桜の花びらになるよう、
糊板の上でかたちを整えるのがポイントです。

変わり丸つまみと
ファーのネックレス
➜ **P51**

シルクシャンタンを使ったお花は、
鋭角のフォルムがユニーク。
硬い生地なので、ほんの少し尖らせるだけで
シャープな印象になります。

一輪玉薔薇の
スカーフクリップ
➜ **P56**

大きな玉薔薇を飾ったスカーフクリップです。
外側は濃く、内側は徐々に淡い色にしていくと、
可愛さの中に落ち着きのある仕上がりになります。

桔梗の飾りコーム

➤➤ P88

モノトーンの桔梗はひとつひとつも可愛いですが、
いくつか集まるとモダンな印象に。
洋服にも着物にも映えるよう、艶のある生地を使っています。

薔薇のロングネックレス

➤➤ P53

シルクサテンの大輪の薔薇にビーズを組み合わせた
ロングネックレスは、パーティドレスの胸元を華麗に演出。
2輪の薔薇のサイズに大小をつけて変化を出しています。

胡蝶蘭のコーム

➤ P71

丸裏返しで作る胡蝶蘭です。薄手の生地を使うと
作業がやりやすくなります。
ここでは着物の裏に使用する
羽二重生地を使用しました。

三角薔薇のブローチと
シューズクリップ
➨ **P61~**

ブラックをベースに、シックな色合いの三角薔薇を配した
小粋なブローチです。小さく作る大人可愛い
シューズクリップは、シンプルな靴にぴったり。

椿と重ね梅の
バッグチャーム

➤ **P89~**

オレンジの濃淡の生地を使った
椿のバッグチャームは、
すっきりとした陶玉とタッセルで
甘すぎずエレガントな印象にしました。
また、重ね梅のバッグチャームは、
赤と白のコントラストが
凛とした雰囲気を醸し出します。
下がりの先端の小さな梅が、
可愛らしさをさらにアップさせます。

なでしこの2wayクリップ
➤ **P64**

3輪のなでしこは小ぶりながらも存在感たっぷりです。
シックなスモーキーピンクを3色使って大人っぽく。
花を土台に貼るときはこまめにバランスをチェックしてください。

もみじの帯留めとバレッタ
➜ **P67~**

変わり剣つまみで作ったもみじは、
半襟のようにちらっと見える生地がポイント。
赤・黄・緑のグラデーションで、
秋の野山の豊かな自然を表現しています。

1本箸のかんざし
➜ **P81**

鮮やかなターコイズグリーンの変わり丸つまみの菊を、
かんざしにちょうどいいサイズの
子ども用箸につけました。
青のタッセルが涼やかさを加味してくれます。

丸菊と小さな菊の帯飾り
➔ **P75**

基調色のピンクに紫を少し足して、
大人可愛いを品良く演出。
浴衣に似合う帯飾りになりました。
ビーズの色は控えめにして
お花を引き立たせましょう。

マーガレットのカチューシャ
➳ **P98**

髪が短い方でも使えるカチューシャです。
マーガレットは平らになるように端切りしています。
同じ高さになるようにカットしましょう。
艶のある着物生地ですが、シルクサテンでも同じように作れます。

ひまわりのクリップピンと飾りゴム

➤ **P96~**

大きなひまわりのクリップとヘアゴムは
夏の女の子にぴったりです。
花弁が均等になるよう
花弁の幅を上手に調整しましょう。

玉薔薇のピアス

➤ **P59**

小さな玉薔薇が耳元で揺れる、
清楚なイメージのピアスです。
キラキラ光るビーズのデコレーションをプラスして華やかに。

いろいろモチーフの
ピアスとイヤリング

➤➤ P103 ~

小さなピアス、イヤリングは
日常に使えるよう小さく作りました。
上質なビーズを組み合わせてエレガントでモダンな
和のアクセサリーとなりました。

３色の小花の
イヤホンジャック
➡ P99

ふわっと柔らかな配色でまとめたイヤホンジャックです。
小さな丸つまみのお花をバランス良く載せ、
同色のラインストーンで一体感を出しています。

両面配置の
花かんざし
➡ P80

揺れるタイプのかんざしは、
裏面にも気を配りたいもの。
両側でデザインの異なるお花が目を引きます。
片面を葺いて完全に乾いてからもう片面葺きましょう。

枝垂れ桜のコサージュ
➤ P100

枝垂れ桜をかたどったコサージュです。
お花と枝は分けて制作します。
薄いピンク、濃いピンクと生地を数種類使うと、
味わいのある色調になります。

くす玉のかんざしと蝶々の帯飾り

➡ **P 86**, **P 77**

小花をたくさん寄せた、
ころんと丸いくす玉のかんざしです。
お花を組む時に、きれいな丸ができているか、
横からよく確認しましょう。
蝶々の帯飾りはお花と蝶をジグザグに配置し、
動きを出しています。

七五三の髪飾り

➡ **P 107**

七五三のかんざしは、明るく愛らしい色合いで。
蝶々も舞って、
キュートなおしゃまさんのできあがりです。
ママが作ってあげるオンリーワンの髪飾りで、
晴れやかな日のお祝いを。

大輪薔薇のかんざし
▶▶ P110

大ぶりな3連の薔薇が豪華でロマンティック。
振り袖にも使える上品な一本です。
小花をたくさん加えるとより可愛らしくなります。

Are you ready?

つまみ細工を始めよう

1. 必要な道具

必要な道具はこちら。手芸店やホームセンターなどで手軽に手に入れることができます。

糊板
プラスチック板でも代用できます。

でんぷん糊

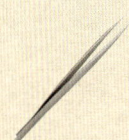
ピンセット
先端がまっすぐで尖ったものを用意します。

ヘラ
糊を糊板に延ばすときに使います。

お手拭き
布をつまむ途中で指やピンセットについた糊をふき取ります。

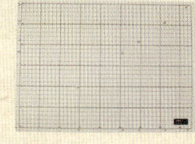
カッティングマット
方眼入りのカッティングマットとメモリ付き定規の組み合わせで、布を正確なサイズにカットできます。

ローラーカッター
布をカットするときに使用します。

サークルカッター
台紙を円形にカットするときに便利です。

カッター

布切りばさみ

糸切りばさみ

メモリ付き定規
縦横両側にメモリが付いている透明な物が布のカット時のサイズ確認に便利です。

プラスチック板
土台や下がり飾りを貼ってつまみを葺く時に使用します。透明なものだと、裏面からも位置などが確認できます。

グルーガン

木工用ボンド

強力接着剤

細口ノズルの接着剤

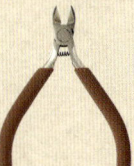
マチ針
スチロール球の土台で中心の目印に使用します。

ニッパー

丸ヤットコ・平ヤットコ

目打ち

これもあると便利！

オアシス
ワイヤー付き土台を挿しておくのに便利です。

メモリ付きのプラスチック板
マス目付きだと、下がり飾りを葺くときに便利です。

2. 材料

アイテム作りに使われる主な材料を紹介します。

布

ここに紹介するものの他に、コットンや麻、レーヨン生地なども使用できます。ポリエステル生地は糊を吸わないので使えません。

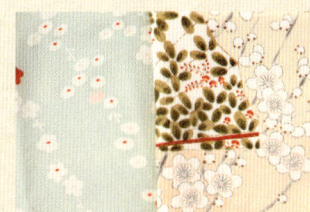

着物生地
正絹の着物生地は表の生地だけでなく、八掛けや胴裏の生地も使用できます。厚さや硬さがさまざまですので、作品によって使い分けましょう。

シルクシャンタン
張りのある硬めの生地なので、シャープなシルエットの作品に向きます。

シルクサテン
つやのある生地で豪華な雰囲気です。柔らかい風合いを生かした作品に向きます。

土台

かんざし用パッチンピン

スチロール球

ショールピン

台紙(厚紙)
工作等につかう程度の厚みのもの。

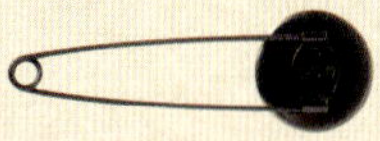

2wayクリップ

台座付きパッチンピン

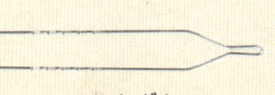

コーム

かんざし

飾りパーツ など

ペップ

ビーズ飾り

リリアンまたは唐打ち紐

テグス

花座

刺繍糸
光沢のあるレーヨン刺繍糸が向いています。

ワイヤー

始めるときは……

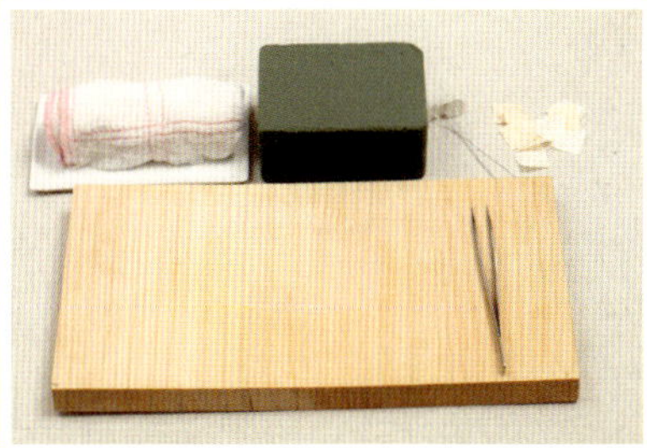

道具や材料は、机の上の手の届く位置に置きましょう。

3. 基本テクニック

布を切る

1 布の端をカットし、糸を2〜3本引き抜き、目を揃える。

2 カッティングマットの上にマス目に沿ってまっすぐ布を置く。

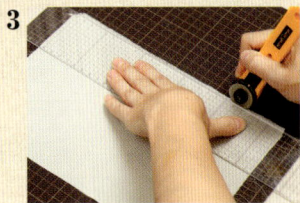
3 定規とローラーカッターで端のほつれた部分を切り落とす。

4 マス目に沿って縦にまっすぐ切っていく。定規がずれないようしっかりと押えること。

5 横を切るときは、マットの向きを変えて常に縦にカッターを入れるようにする。

6 出来上がり。

糊を置く

1 糊板の上に糊を置き、ヘラでなめらかになるまで練ってから2mm程度の厚さに均一にのばす。

2 つまみを置く時は向きを揃えて置く。つまんだら、30分以上置いて布にしっかり糊を吸わせる。乾燥する季節にはラップをかぶせて糊が固まらないようにすること。

土台を作る

平丸土台

1 丸い台紙と正方形の布を用意する。

2 台紙に薄くボンドをつける。爪楊枝が便利。

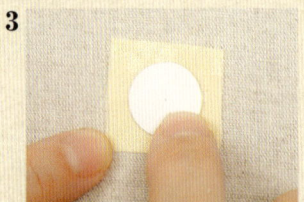
3 布の中心に貼る。

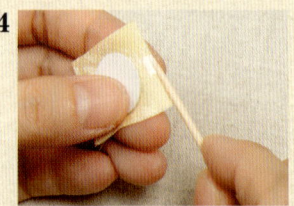
4 台紙を貼っていない布部分にボンドを薄くつける。

5

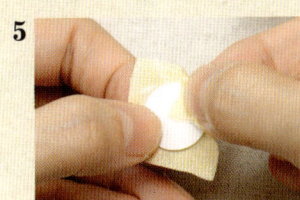

台紙に向かってひだを寄せながら布を折り込む。

6

平丸土台の出来上がり。

9ピン付き平丸土台

1

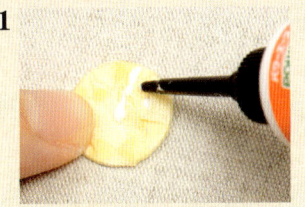

細口ノズルのボンドで平丸土台の裏にボンドを少量つける。

2

9ピンを貼る。

3

適当なサイズの紙にボンドをつけて、9ピンの上から貼って9ピンを固定する。

4

9ピン付き土台の出来上がり。

ワイヤー付き平丸土台

1

平丸土台の裏から中心に目打ちで穴を空ける。

2

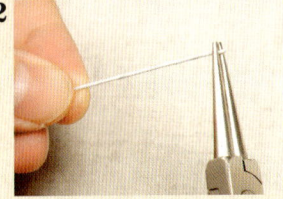

10cm程度にカットしたワイヤーの先をヤットコで丸める。

3

平丸土台の裏からワイヤーを通す。

4

丸めたワイヤー部分を直角に折る。

5

丸めたワイヤー部分にボンドをつける。

6

適当なサイズの紙にボンドをつけて、丸めたワイヤーにかぶせてワイヤーを固定させたら出来上がり。

重ね平丸土台

1

平丸土台を作り、さらに台紙を用意する。

2

台紙を1枚ずつボンドで貼り、重ね合わせる。重ねる枚数は作品によって異なる。

3

厚みのある土台ができる。

4

平丸土台の裏の中心に貼ったら出来上がり。

半球土台

1 スチロール球をカッターで切る。切る分量は作品によって異なる。

2 切ったスチロール球と包む布を用意する。

3 スチロール球にボンドを薄くつける。

4 布の中心に貼る。

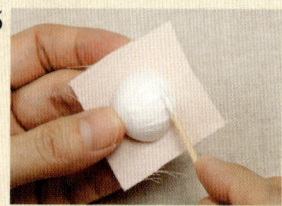
5 スチロール球にボンドを薄くつける。

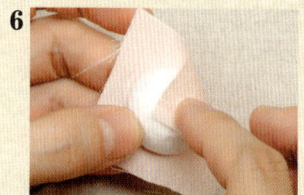
6 布を折り込むようにスチロール球に貼る。

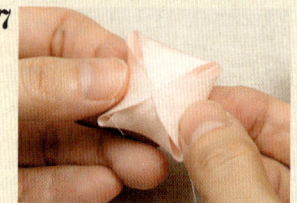
7 布の4角をすべて貼る。

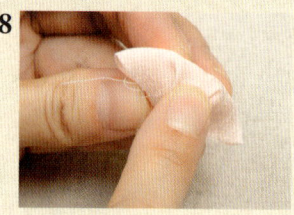
8 角を折り込む。

9 角すべてを折り込んだ状態。

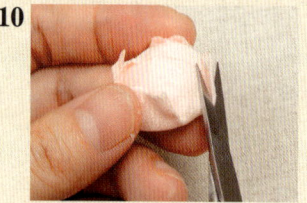
10 貼りきれていない余分な布部分をカット。

11 出来上がり。

ワイヤー付き半球土台

1 カットしたスチロール球、スチロール球の断面と同サイズの台紙、10cm程にカットしたワイヤーを用意する。

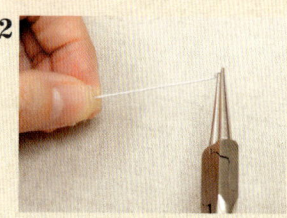
2 ワイヤーの先をヤットコで丸める。

3 台紙の中心に目打ちで穴を開ける。

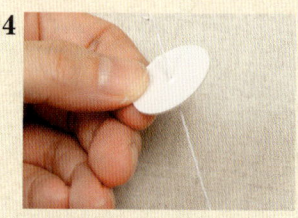
4 ワイヤーを厚紙の穴に通す。

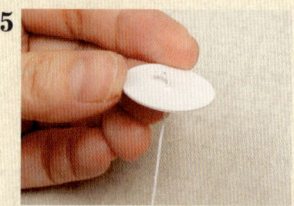
5 ワイヤーの丸めた部分を直角に折る。

6 ボンドをつけた紙を貼り、ワイヤーを固定させる。

7 ボンドが乾き、ワイヤーが固定されているのを確認してから台紙にボンドをつける。

8 スチロール球にもボンドをつけて貼り合わせる。

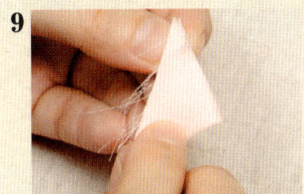

9 包む布を三角に半分に折り、さらに半分に折る。折り山のところが布の中心となるので、強く折って印をつける。

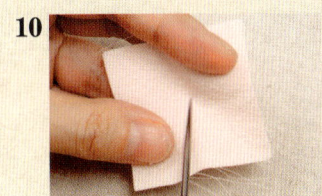

10 布を開いて、中心の印に穴を開ける。

11 台紙の裏にボンドを薄くつける。

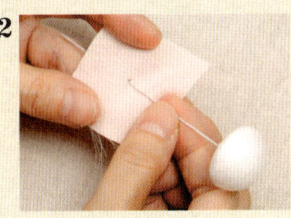

12 ワイヤーに布を通す。

13 ボンドを布に定着させる。

14 半球土台と同じ要領でスチロール球を布で包んで、貼りきれなかった余分な布部分をカットしたら出来上がり。

全球土台

1 スチロール球の半分にボンドをつける。

2 布の中心に貼る。

3 布で包む。

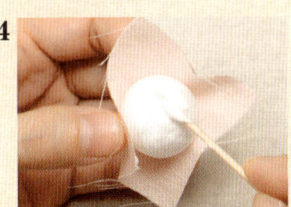

4 再びスチロール球にボンドをつける。

5 角を折り込む。

6 4角をすべて折り込む。

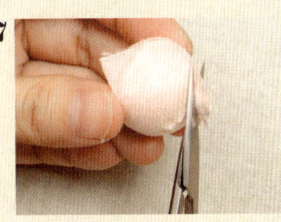

7 余分な布をカット。

8 手で押さえて布をなじませる。

9 出来上がり。

土台を葺くとは？

つまみ細工では土台につまんだ布を乗せる(貼る)ことを「葺く」と言います。

その他のテクニック

端切り

1 つまみを作ったら、底の部分を1/4〜1/3切り落とす。

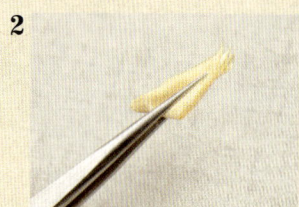
2 切った状態がこちら。

3 糊板に置く。上が端切りなし、下が端切りあり。高さが変わる。

ピンセットの持ち方

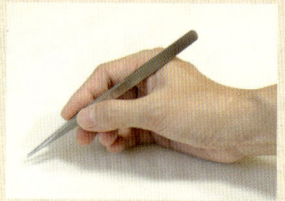
ピンセットは上から握るのではなく、お箸を持つように下から持つ。

地巻きワイヤーの作り方

かんざし専門店では売っていることが多いですが、色のバリエーションが一般では手に入らないことも多いです。
ワイヤーと糸で作品に合った地巻きワイヤーをカンタンに手作りできます。

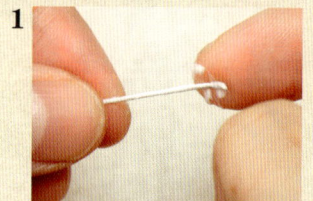
1 10cm程にカットしたワイヤーの先端にボンドをつける。指を使うとスムーズ。

2 刺繍糸を1本取りで巻き下ろす。ワイヤーに少量ずつボンドをつけながら巻いていく。

3 ワイヤーをくるくるとまわしながら糸を巻くとスムーズ。

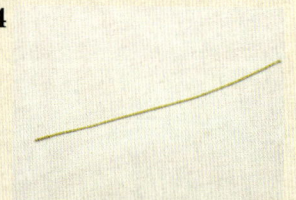
4 巻き終わりは糸にボンドをつけて、巻き目になじませてから、余分な糸を切る。

9ピン、Tピンのつけ方

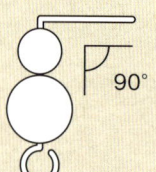
1 9ピンまたはTピンにビーズを通して、90度に曲げる。

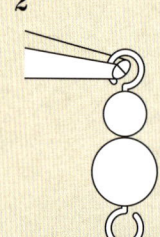
2 曲げた部分を7〜8mm残して余分をニッパーでカットしてから、先端を丸ヤットコでつまんで丸める。

3 出来上がり。右がTピン、左が9ピンをつけた場合。

丸カンのつけ方

1 丸カンを丸ヤットコ2本ではさむ。ねじるように開く。

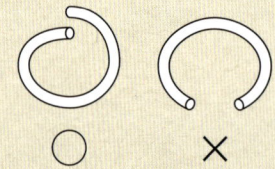
2 ねじり開いた状態が正しい。

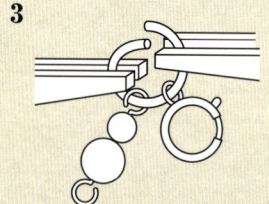
3 パーツ類を通して丸カンを閉じる。

4 出来上がり。

Part 1 基本の丸つまみと剣つまみ
[BASIC LESSON] Maru-Tsumami & Ken-Tsumami

1 丸つまみのピン

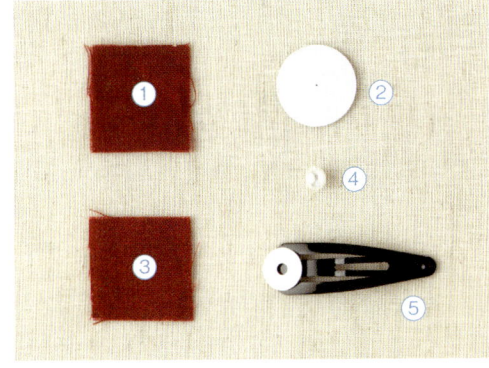

◆ 材料

① 台紙用布2cm角×1枚
② 台紙直径1.4cm×1枚
③ 布2cm角×5枚
④ 5mmパール×1個
⑤ 台座付きパッチンピン×1個

◆ 作り方

丸つまみのつまみ方

1

糊板に糊をのばし、つまむ布を表に向けておく。

2

布を半分に折って三角形にし、中心位置をピンセットでつまむ。

3

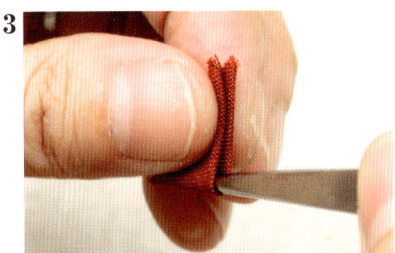

さらに半分に折る。両端を揃えて指でつまみ、ピンセットを外す。

[BASIC LESSON] Maru-Tsumami & Ken-Tsumami

4

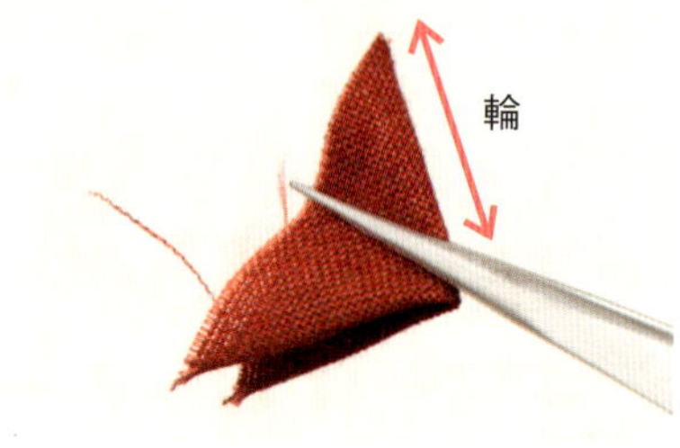

輪が上になるように持つ向きを変え、ピンセットで三角形の中心位置よりやや輪寄りに挟み直す。

5

ピンセットで挟んだまま、両側に折り上げる。

6

ピンセットを抜き、折った部分を指で挟む。先端の3枚を揃える。

7

ピンセットで挟む。

8

ピンセットで挟んだまま、指で挟んでいる方向に布を折り返す（ピンセットを手前に倒すようなイメージ）。

9

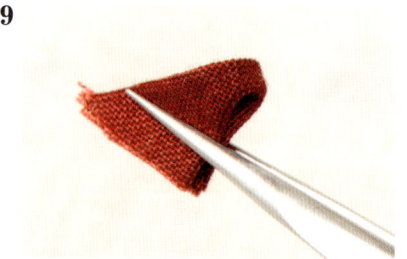

かたちが崩れないように、ピンセットで下のほうを挟み直し、指を外す。

10

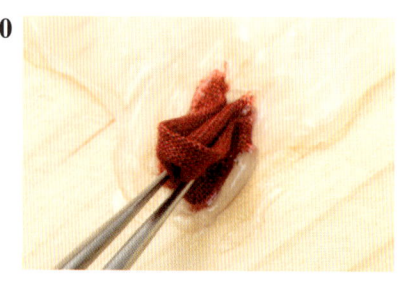

底部分に糊をたっぷりつける。

11

指でしごいて布に糊をよくなじませる。

12

糊の中に埋め込むように置く。

13

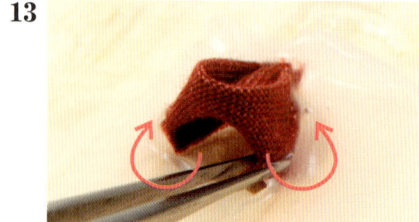

後ろ部分をピンセットで開き、かたちを整える。

14

基本の丸つまみの出来上がり。同じものを計5個作る。このまま30分以上置いて、糊をしっかり吸わせる。

つまみを葺く

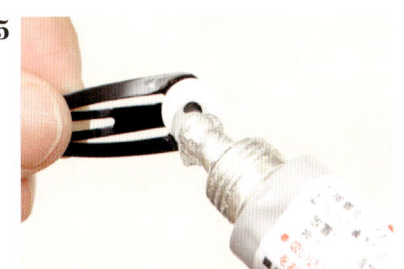
15 パッチンピンの台座部分に強力接着剤をつける。

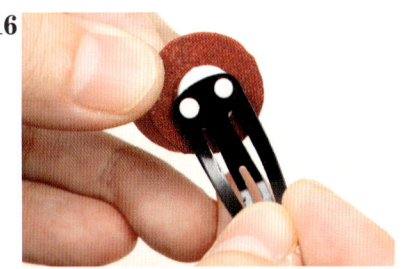
16 ①と②で平丸土台を作り（P24参照）、パッチンピンの土台に貼る。

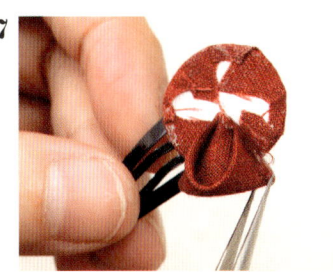
17 土台の接着剤が乾いてから、丸つまみ1個を葺く。

18 隣にもうひとつ丸つまみを葺く。

19 3個目も葺く。

20 4個目を葺いた状態。常に先に葺いたつまみの隣に葺く。

21 5個すべて葺いた状態。土台が見えないように配置する。

22 ピンセットで花びらが丸くなるようにかたちを整える。

23 裏から見た状態がこちら。

飾りの付け方

24 細口ノズルのボンドで、中央に少量ボンドをつける。

25 ピンセットでパールをつまみ、その上に置く。

26 ボンドが完全に乾いたら、出来上がり。

2 剣つまみのピン

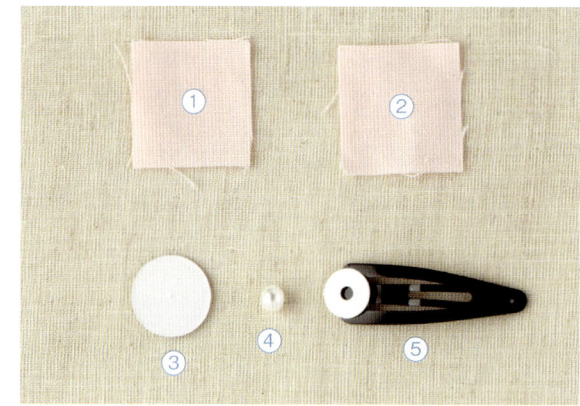

◆ 材料

① 布2cm角×8枚
② 台紙用布2cm角×1枚
③ 台紙直径1.4cm×1枚
④ 5mmパール×1個
⑤ 台座付きパッチンピン×1個

◆ 作り方

剣つまみのつまみ方

1

布を半分に折って三角形にし、中心位置をピンセットで挟む。

2
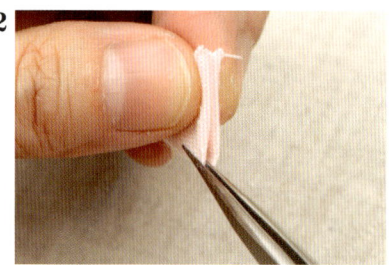
両端を折り上げて半分に折り、指でつまみピンセットを外す。

3
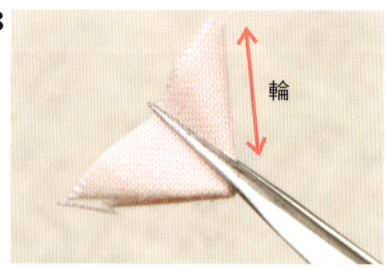
輪が上になるように持つ向きを変え、ピンセットで三角形の中心位置よりやや輪寄りに挟み直す。

4

半分に折る。

5

端を指で挟んだまま、ピンセットを抜く。

6

先が尖った剣つまみが出来た状態。

7
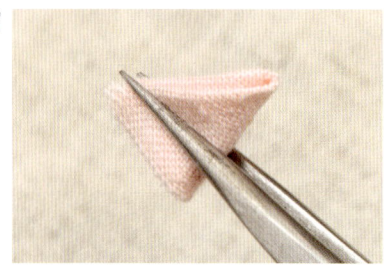
かたちが崩れないようにピンセットで下のほうを挟み直し、指を外す。

8

底部分に糊をたっぷりつける。

9

指でしごいて、布に糊をよくなじませる。

10

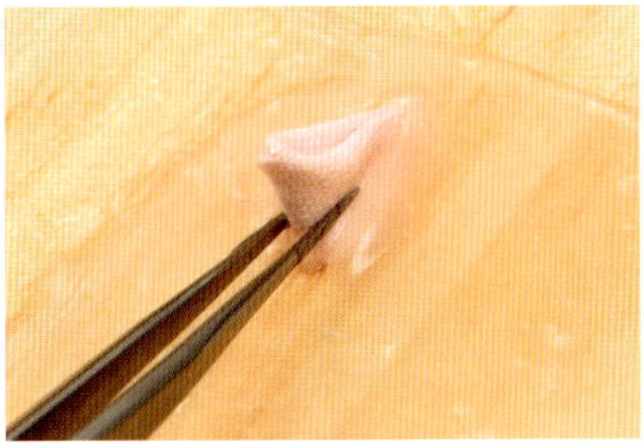

糊板の中に埋め込むように置く。

11

基本の剣つまみの出来上がり。8個作る。このまま30分以上置いて、糊をしっかり吸わせる。

つまみを葺く

12

②と③で平丸土台を作り（P24参照）、パッチンピンの台座に貼ってから（P31参照）、剣つまみを対角線上に葺く。

13

対角線上にもう2個葺く。

14

それぞれの間に1個ずつ葺く。

15

ピンセットは底に近い部分で挟むときれいに配置しやすい。

16

すべて葺いた状態。

17

ピンセットで挟みながらかたちを整える。中央にパールをボンドで貼る。

18

裏から見た状態。出来上がり。

COLUMN 基本の丸つまみと剣つまみをアレンジ

柄布で作る剣つまみのゴム

1

◆ 材料

① くるみボタン用布直径3.5cm×1枚
② 布2.5cm角×5枚
③ 布2cm角×5枚
④ 17mmくるみボタン×1個
⑤ 3mmパール×6個
⑥ ヘアゴム適量
　テグス適量

◆ 作り方

1 くるみボタンで土台を作り、大小サイズの違う剣つまみ（布②と③）を対角線上に葺く。

2 剣つまみ大の隣に剣つまみ小を葺く。

3 さらに隣に剣つまみ大を葺く。

4 隣に剣つまみ小を葺く。

5 隣に剣つまみ大を葺く。これで土台の半分まで葺いた状態。

6 もう半分側も同様に葺いて、花のかたちの完成。

7 裏から見た状態。

8 パールで花芯を作る。テグスにパールを5粒通す。

9 テグスをかた結びする。

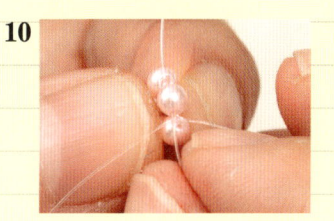

10 結び目の隣のパール穴にテグスを通す。

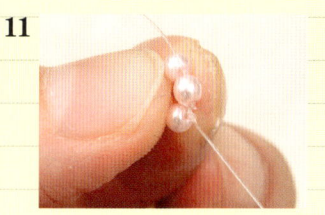

11 テグスをしっかりとひっぱり、テグスの結び目をパールの穴に隠す。

12 余分なテグスをカットする。

13 12にボンドをつけて、花の中心に貼る。

14 輪になったパールの中心にボンドをつける。

15 ボンドの上にパール1つを乗せ、乾くまで置く。

16 土台裏にゴムを通して輪にしたら出来上がり。

2

♦ 材料

①くるみボタン用布直径4.3cm×1枚
②布2cm角×8枚
③布2.5cm角×8枚
④22mmくるみボタン×1個
⑤3mmパール×6個
⑥ヘアゴム適量
　テグス適量

♦ 作り方

1 柄布をカットする。

2 大小の2サイズにカットした状態。柄布を切るため、無地と柄の部分に分かれる。

3 作品1と同様の手順で8つの剣つまみを葺く。すべて剣つまみ大（布2.5cm角）で行う。

4 つまみの間に差し込むように、剣つまみ小（布2cm角）を葺く。

5 すべて葺いた状態がこちら。同じ布を使っていても、柄の出方がつまみや配置によって変わる。

6 裏から見た状態。作品1と同様にパールで花芯を作って中心に貼る。糊が乾いたらゴムを通して出来上がり。

柄布で作る飾りピン

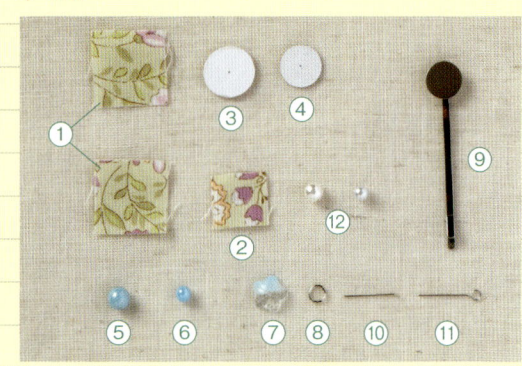

3

◆ 材料

①布2cm角×7枚（花用5枚、台紙用2枚）
②布1.5cm角×5枚
③台紙直径1.4cm×1枚
④台紙直径1.2cm×1枚
⑤下がり用6mmビーズ×1個
⑥下がり用4mmビーズ×1個
⑦下がり用花形のビーズ×1個
⑧丸カン×1個
⑨台座付きヘアピン金具×1個
⑩Tピン×1本
⑪9ピン×4本
⑫花芯用4mmパール×1個、5mm×1個

◆ 作り方

1 ①と③で、平丸土台を作る（P24参照）。ピンの台座にボンドをつけて、土台を貼る。2cm角の布で丸つまみ5個を作り土台に葺く。中央に花芯用5mmパールを貼る。

2 ①と④で、上下に9ピン付きの平丸土台を作る（P25参照）。1.5cm角の布で丸つまみを5個作り土台に葺く。中央に花芯用4mmパールを貼る。

3 9ピンに下がり用4mmと6mmビーズをそれぞれつけて、つまみの土台の9ピンとあわせる。ビーズの端に、Tピンをつけた下がり用花形のビーズと丸カンをつける。

4 丸カンをヘアピンに通したら出来上がり。

Part 2　基本のつまみ＋アレンジでいろいろな作品を

♛　2重丸つまみのかんざしとコーム

2重丸つまみのかんざし

◆ 材料

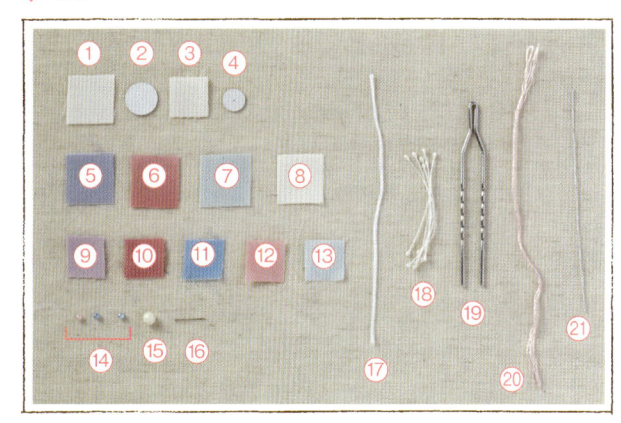

① 台紙用布2.5cm角×3枚
② 台紙直径1.6cm×3枚
③ 台紙用布1.7cm角×3枚
④ 台紙直径1.2cm×3枚
⑤、⑥、⑦ 布2重丸つまみ梅用2.5cm角×各5枚
⑧ 布2重丸つまみ梅用2.3cm角×15枚
⑨ 布2cm角×小梅用5枚、藤下がり用4枚
⑩ 布2cm角×小梅用5枚、藤下がり用4枚
⑪ 布2cm角×小梅用5枚、藤下がり用2枚
⑫ 布藤下がり用2cm角×4枚
⑬ 布藤下がり用2cm角×4枚
⑭ 4mmパール×各色6個
⑮ 下がりの先用6mmマザーオブパール×2個
⑯ Tピン×2本
⑰ リリアン（または唐打ち紐）12cm×2本
⑱ 白パールペップ適量
⑲ 2本足かんざし9cm×1本
⑳ 刺繍糸（ピンク）適量
㉑ 24番ワイヤー適量
　 テグス適量

◆ 作り方

2重丸つまみの作り方

1 2重丸つまみ梅用2.5cm角の布を半分に折り、ピンセットで挟む。

2 ピンセットのすぐ下を人差し指と中指で挟む。

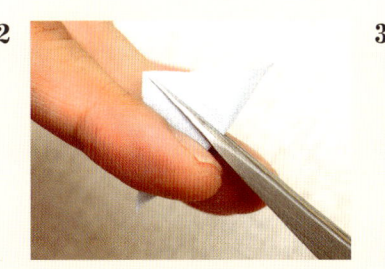

3 ピンセットを抜く。

4 指で布を挟んだまま、2重丸つまみ梅用2.3cm角の布を半分に折り、ピンセットで挟む。

5 指とピンセットで押さえたまま、2枚を合わせる。このとき内側の布の輪を外側になる布の輪より1、2mm親指側にずらして重ねること。

6 合わせた2枚の中心位置をピンセットで挟む。

7 2枚を一緒に半分に折る。

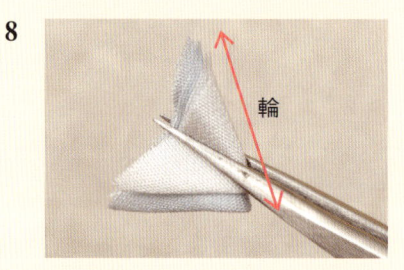

8 7の状態からピンセットを抜き、小さい方の布の中心位置よりやや輪寄りをピンセットで挟む。

9 さらに半分に折り上げ、指で挟む。

10 指で挟んだまま、ピンセットを抜く。

11 丸つまみと同じ要領で、先端をピンセットで挟む。

12 11のピンセットを挟んだまま、指で挟んでいる方向に布を折り返す。

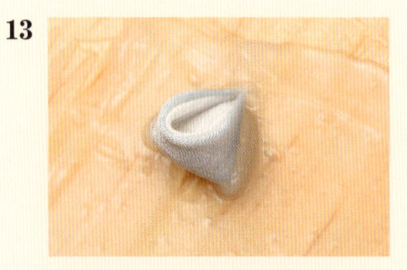

13 基本の丸つまみ同様に糊をたっぷりつけて指でしごいてから、糊板の上に置く。後ろの部分をピンセットで開いておく。

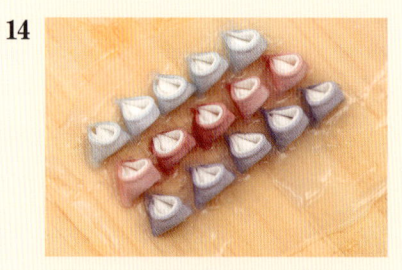

14 2重丸つまみの完成。15個作る。

15 丸つまみのつまみ方（P29〜）を参考に、小梅用の2cm角の布で15個の丸つまみを作る。

飾りパーツの作り方

16 ①と②、③と④、24番ワイヤーで、ワイヤー付き平丸土台を作る（P25参照）。

17 小さい土台には丸つまみ、大きい土台には2重丸つまみを5個ずつ葺く。梅のかたちになるように、隣同士に隙間が出来ないようにピンセットでかたちを整える。

18 白パールペップの先端のみをカットする。

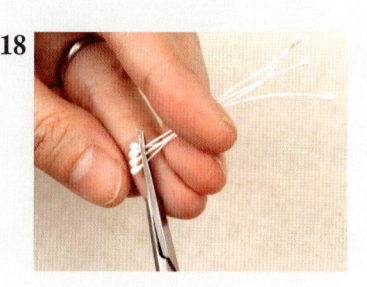

19 先端にボンドをつける。

20 梅の中央に貼る。

21 さらに、5つ貼る。出来上がったらオアシスやスポンジなどに挿して乾かす。

22 2重丸つまみには4mmパールで花芯飾りを作り（P34〜参照）、中心に貼る。これで大小の梅のパーツの完成。

ワイヤー付きパーツの組み立て方

23 2重丸つまみで作った梅パーツ大の根元から2cmのところでワイヤーを少しだけ折る。

24 ワイヤーの折り目にボンドをつける。

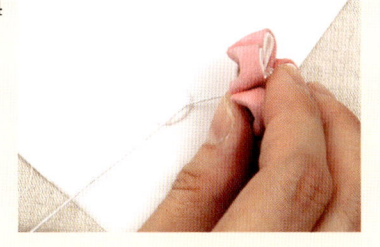

25 もう1本にも同様にボンドをつけて、2本を折り目で合わせる。

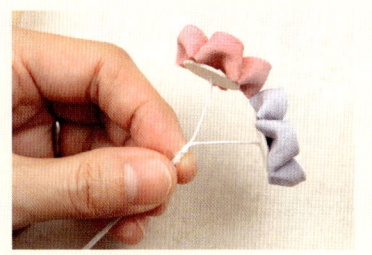

26 2本取りの刺繍糸をワイヤーの折り目に沿わせて、ワイヤーについたボンドを糸につける。

27 糸をきつく巻きつける。

28 2～3回ほど巻いたら、2本のワイヤー間に糸を通す。

29 通した糸を上に向かってひっぱり、いったん固定させる。糸は切らずにそのまま。

30 3本目のパーツのワイヤーにも同様にボンドをつけて、折り目で合わせる。

31 同様に糸で巻きつける。巻き終わりもワイヤーの間に通して上にひっぱっておく。

32 丸つまみで作った梅パーツ小は根元から2.5cmの位置でワイヤーを折る。

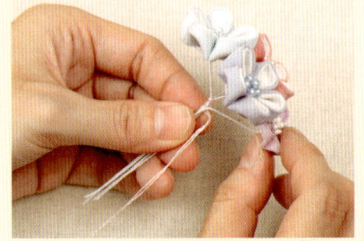

33 梅パーツ小も折り目にボンドをつけて、梅パーツ大を合わせたすぐ下に配置する。

34 糸で巻きつける。1本巻くごとに最後は必ずワイヤーの間に糸を通すこと。

35 2本目、3本目も同様に巻く。

36 すべて巻き付けた状態。

37 10cmにカットしたワイヤーの先端をヤットコで丸める。

38 丸めた状態。これが下がり飾りのフックになる。これを2本作る。

39 38のワイヤーの輪から3.5cmのところで折り、ボンドをつけて梅のパーツと合わせて糸で巻く。

40 2本目のワイヤーも同様に合わせて糸で巻く。

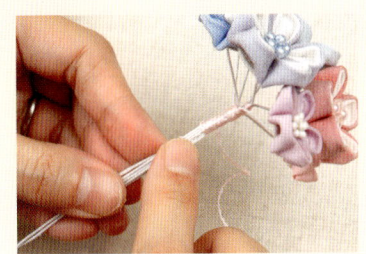

41 ワイヤーに指で少量ずつボンドをつけて、糸を3cm程巻き下ろす。

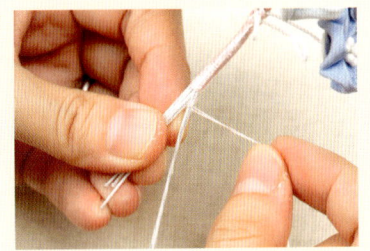

42 巻き終わりはワイヤーの間に糸を通す。

43 糸端はボンドで貼りつけ、余分な糸をカットしてかんざしパーツの出来上がり。

かんざし金具の付け方

44 かんざし金具の上に43を配置する。金具上部の土台部分にのみ貼るので、余分なワイヤーをカットする位置を確認する。

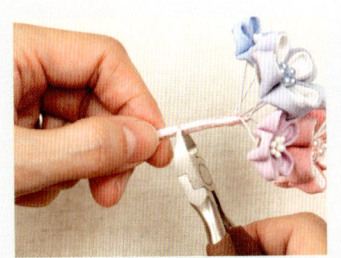

45 ニッパーでワイヤーをカットする。

46 カットした状態がこちら。

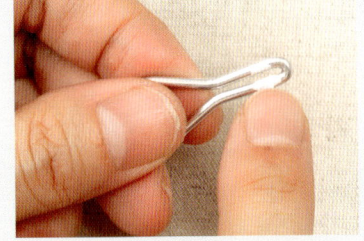

47 かんざし金具にボンドをつける。

48 1mにカットした2本取りの刺繍糸の先端をボンドの上に添えてから2〜3重巻く。

49 かんざしパーツを金具の上に置く。

50 かんざしパーツにボンドをつけながら、糸をきつく巻きつける。

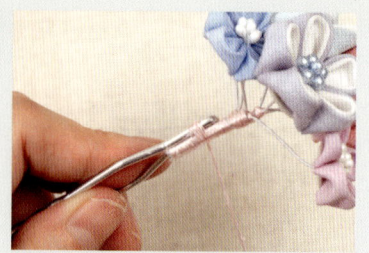

51 端まで巻いたら、少し巻き戻り、巻き終わりの糸の端にボンドをつけて巻き目になじませ、余分をカットする。

52 ヤットコでかんざしの根元を45度の角度に起こす。

下がり飾りの作り方

53 リリアンの先端にボンドをつける。

54 1cm程度の輪を作る。

55 プラスチック板やクリアファイル、下敷きなどにマスキングテープでリリアンを固定させる。これが下がり飾りの土台になる。

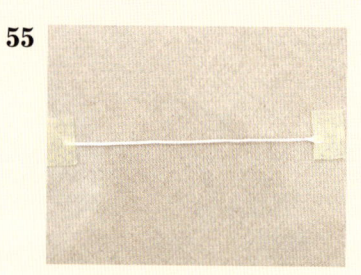

56 藤下がり用の布で18個の丸つまみを作る。丸つまみの最後の工程、ピンセットでつまんで折り返す工程はしない（P30参照）。

57 糊をしっかりつけた丸つまみを、リリアンから外れないよう慎重に貼る。

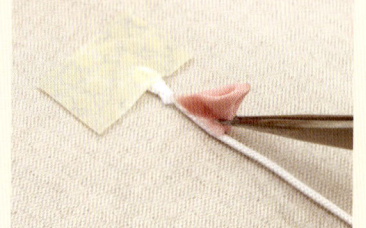

58 リリアンの上に乗せるように貼ること。

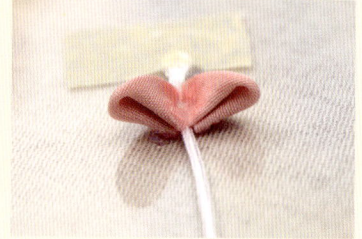

59 丸つまみと丸つまみの間を8mm程度空けながら、等間隔に2個ずつ4セット配置し、最後は1個貼る。

60 完全に乾いたらプラスチック板から慎重にはがす。下がりの先用の6mmパールにTピンを通し先端を丸める。それをリリアンに通し、輪にして、最後の丸つまみの裏でボンドで留める。

61 ワイヤーを丸めて輪にしたフックに**60**をかけて、出来上がり。

2重丸つまみのコーム

◆ 材料

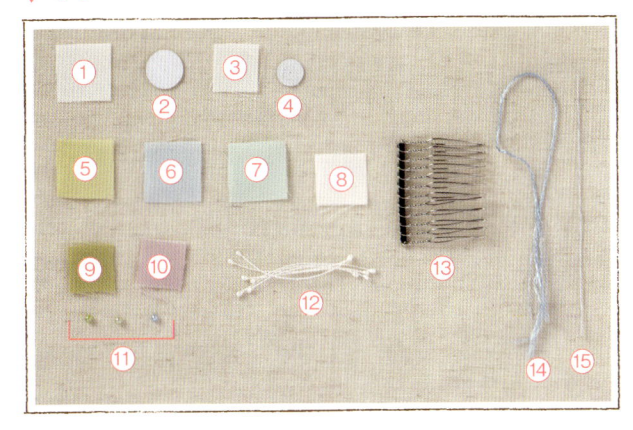

① 台紙用布2.5cm角×2枚
② 台紙直径1.6cm×2枚
③ 台紙用布1.7cm角×3枚
④ 台紙直径1.2cm×3枚
⑤、⑥、⑦ 布2重丸つまみ用2.5cm角×各5枚
⑧ 布2重丸つまみ用2.3cm×15枚
⑨、⑩ 布丸つまみ用2cm角×各5枚
⑪ 4mmパール×各色6個
⑫ 白パールペップ適量
⑬ 12本足コーム×1個
⑭ 刺繍糸(水色)適量
⑮ 24番ワイヤー適量
　テグス適量

◆ 作り方

1 ①と②、③と④でワイヤー付き平丸土台を作る(P25参照)。P37と同様の手順で2重丸つまみ15個、丸つまみ10個を作り、梅の形になるように土台に葺き、中央にパールペップと4mmパールで作った花芯飾り(P34〜参照)を貼って乾かす。

2 2重丸つまみで作った飾りパーツ大は根元から2cm、丸つまみで作ったパーツ小は2.5cmの所でワイヤーを折る。

3 飾りパーツ大を1本ずつボンドで貼り合わせ、2本取りの刺繍糸で巻きつける。

4 丸つまみで作った飾りパーツ小は、パーツ大の下で貼り合わせ、糸で巻きつける。

5 ワイヤーにボンドをつけながら、3.5cmほど糸を巻き、巻き終わりはワイヤーの間に糸を通しひっぱる。糸端をボンドで貼りつけ余分な糸はカット。

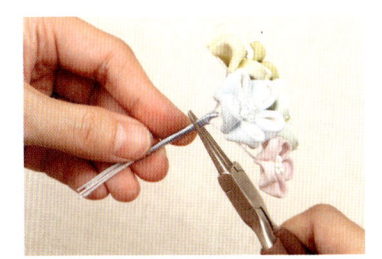

6 ヤットコで90度に折り、立ち上がりをつける。

7

これで飾りパーツの完成。

コームのつけ方

8 12本足コームの中央に飾りがくるようにワイヤーをコームの土台に配置する。

9 コームからはみ出したワイヤー部分をニッパーでカット。

10 指でコームの上部半分にボンドをつける。

11 ワイヤー部分にも指でボンドをつける。

12 刺繍糸の先端にボンドをつけて巻きつける。最初は特にきつく巻き、巻き途中でワイヤーに再びボンドをつけながら巻く。

13 端まで巻いたら少し巻き戻り、糸の先端にボンドをつけて糸を巻いた部分に貼つけ余分をカットしたら、出来上がり。

♛ 2重剣つまみの菊のクリップ

◆ 材料

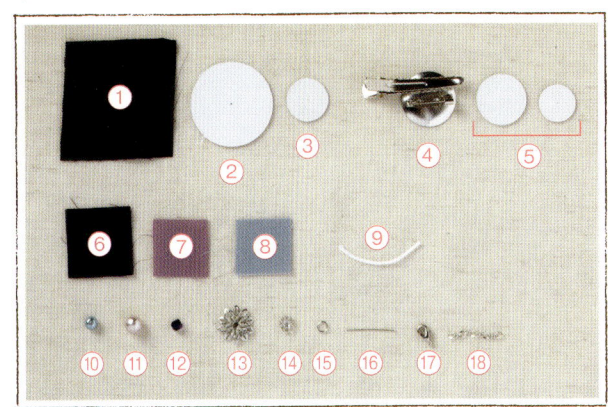

① 台紙用布5cm角×1枚
② 台紙直径3.5cm×1枚
③ 台紙盛り上げ用直径1.8cm×4枚
④ 2wayクリップ金具直径2.4cm×1個
⑤ 台紙2wayクリップを埋める用 直径2.3cm、1.6cm×各1枚
⑥ 布2重剣つまみ用3cm角×10枚
⑦ 布2重剣つまみ用2.5cm角×10枚
⑧ 布剣つまみ用2.5cm角×10枚
⑨ リリアン(または唐打ち紐)4cm×1本
⑩ 花芯用6mmパール×1個
⑪ 8mmパール×2個
⑫ 5mmスワロソロバン型ビーズ×2個
⑬ 花芯用16mm座金×1個
⑭ 6mm座金×2個
⑮ 丸カン×1個
⑯ Tピン×2本
⑰ カニカン×1個
⑱ チェーン2.5cm、2cm×各1本

◆ 作り方

2重剣つまみの作り方

1 2重剣つまみ用3cm角の布を半分に折り、ピンセットで挟む。

2 さらにもう半分折り、両端を揃えて指で挟み、ピンセットを外す。

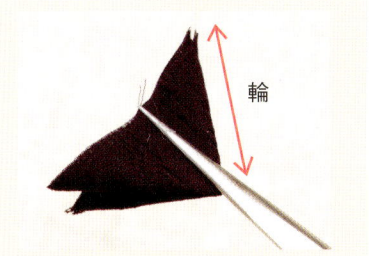

3 輪が上になるように持つ向きを変え、ピンセットで挟み直す。

4 ピンセットのすぐ下を人差し指と中指で挟む。

5 2重剣つまみ用2.5cm角の布を半分に折り、ピンセットで挟む。

6 先に折った布は折り目を指で固定しながら、**5**をさらに半分に折る。

7 輪が上になるように持つ向きを変え、ピンセットで中央位置で挟み直す。

8 人差し指をずらし、親指で下の布を押さえながら、2枚を重ね合わせる。

9 ピンセットを抜き、指で2枚を挟む。2つの折山がまっすぐ並ぶように重ね合わせる。

10 中央よりやや輪寄りをピンセットで挟む。

11 2枚を一緒に半分に折り、先端を指で挟む。

12 ピンセットを抜く。

13 つまみのかたちが崩れないように、下部分をピンセットで挟む。

14 糊をつけて指でしごいて布になじませてから、糊板の上に置く。

15 合計10個の2重剣つまみを作る。

16 剣つまみは10個作る（P32参照）。

土台に葺く

17 ①と②、③で重ね平丸土台を作る（P25参照）。

18 プラスチック板またはクリアファイルの上に両面テープで土台を固定させる。

19 剣つまみ10個を葺く。対角線上に2個葺いてから、その間を埋めるように4個ずつ葺く。

20 2重剣つまみは、1段目の剣つまみの間に差し込むように葺く。これで菊の完成。

21 花芯用座金にボンドをつけて、菊の中央にボンドで貼る。

22 座金にボンドをつけて花芯用6mmパールを貼り、乾かす。

クリップ土台の作り方

23 2wayクリップを埋める用の台紙2枚をボンドで貼り合わせる。

24 クリップの土台のくぼみにグルーガンでグルーまたは強力接着剤をつける。

25 台紙を土台に貼る。

26 リリアンの両端にボンドをつける。

27 リリアンの先端を厚紙の中央に貼る。リリアンの輪がクリップからはみ出るようにする。

28 菊が完全に乾いてから台紙部分に強力接着剤をつけ、貼る。

ビーズ飾りを作る

29 6mm座金と8mmパール、スワロソロバン型ビーズをTピンに通し先端を丸めてチェーンをつなぐ。これを丸カンでカニカンとつなげる。

30 土台につけたリリアンのフックにビーズ飾りをつけて出来上がり。

桜のショールピン

八重桜のショールピン

◆ 材料

① 台紙直径2.4cm×2枚　⑤ 5mmパール×1個
② 台紙用布3cm角×1枚　⑥ 8mm座金×1個
③ 布2.5cm角×5枚　⑦ ショールピン直径2.5cm×1個
④ 布2cm角×5枚

◆ 作り方

桜型丸つまみの作り方

1 布の裏の中心に、指で丸く円を描くように糊を薄くつける。

2 柄が表になるように半分に折る。

3 丸つまみを作り（P29参照）、指で先端を挟む。

4 丸みの部分の中心にピンセットを当てる。

5 ピンセットを押し当ててくぼみをつける。

6 くぼみを指でつまんで形づける。1で糊をつけているのでかたちがつきやすい。

48

7 ハート形になったつまみの完成。これが桜の花びらに。

8 糊板の上に置き、後ろをピンセットで開きかたちを整える。

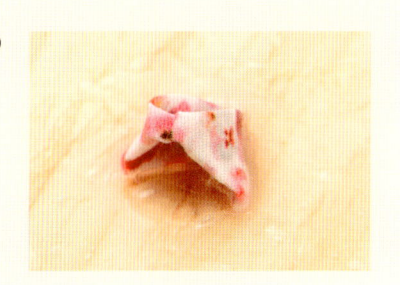

9 後ろから見た状態がこちら。

10 大小2サイズの桜型丸つまみができた状態。

土台に葺く

11 台紙2枚をボンドで貼り合わせ、台紙用布で包んで平丸土台を作り（P24参照）、プラスチック板またはクリアファイルの上に固定する。桜型丸つまみ大を5個葺く。後ろは、隣同士がくっつくようにピンセットで整える。

12 正面から見た状態。

13 桜型丸つまみ小は、後ろの両サイドをつまみ大をまたぐように葺く。

14 1個目を葺いた状態。

15 5個葺いた状態。

16 座金にボンドをつけて中央に貼り、その上にパールを貼る。

17 完全に乾いたらショールピンの土台とつまみの土台にそれぞれに強力接着剤をつけて、貼り合わせたら出来上がり。

2重桜型丸つまみのショールピン

◆ 材料

① 台紙直径2.4cm×2枚
② 台紙用布3cm角×1枚
③ 布3cm角×5枚
④ 布2.8cm角×5枚
⑤ 水色パールペップ適量
⑥ ショールピン直径2.5cm×1個

◆ 作り方

1 布に糊をつける
3cm角の布の裏の中央に、指で丸く円を描くように糊を薄くつける。

2 三角形に折る
半分に折り、ピンセットで挟む。

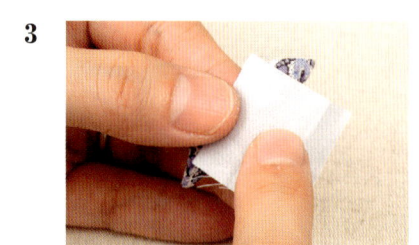

3 布にのりをつける
2.8cm角の布にも同様に糊をつけて、三角形に折る。

4 2枚を重ねる
3cm角の布を下にして2枚を合わせる。

5 桜のかたちにつまむ
2重丸つまみをしたら(P37参照)、桜型丸つまみと同様にくぼませてから(P48参照)糊板の上に置く。

6 後ろを広げる
ピンセットで後ろを開いて、丸くかたちを整える。

7 5個作る
同様に計5個の桜型の2重丸つまみを作り、P31と同様に葺く。

8 花芯飾りを作る
ペップの芯を少し残してカットする。長さはあえてバラバラにしておく。

9 桜の中心に貼る
ペップにボンドをつけて、2重桜型丸つまみの中を埋めるようにランダムに貼る。

10 ショールピンと合わせる
完全に乾いたら、ショールピンの土台とつまみの土台に強力接着剤をつけ、貼り合わせたら出来上がり。

変わり丸つまみとファーのネックレス

◆ 材料

① 台紙直径3cm×1枚
② 台紙用布4.5cm角×1枚
③ 布4cm角×5枚
④ 布3.8cm角×5枚
⑤ 布2.5cm角×5枚
⑥ 8mm座金×1個
⑦ 5mmビーズ×1個
⑧ 9ピン×3本
⑨ 板ダルマ×1個
⑩ カニカン×1個
⑪ 丸カン×1個
⑫ 8mmパール×1個
⑬ カン付きファーボンボン×1個
⑭ チェーン約56cm×1本

◆ 作り方

変わり丸つまみの作り方

1 2.5cm角の布で丸つまみを作り（P29参照）、折山の内側に少量のボンドをつける。

2 指でしばらく挟み、先を尖らせる。

3 糊板の上に置く。後ろをピンセットで開き、かたちを整える。

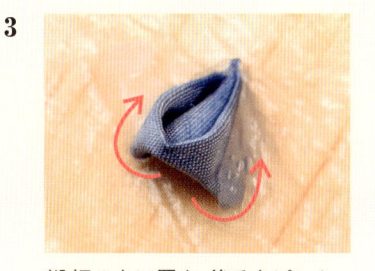

4 同様に計5個の変わり丸つまみを作る。

変わり2重丸つまみの作り方

5 4cmと3.8cm角の布で2重丸つまみを作り（P37参照）、2枚の間をピンセットで開く。

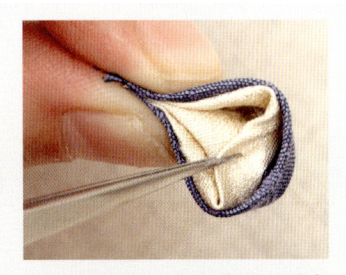

6 その間にボンドを少量つける。

7 内側の折山にもボンドを少量つける。

8 指でしばらく挟み、先を尖らせる。

9 糊板の上に置く。

10 後ろから見た状態。ピンセットで後ろを左右に開き、丸くかたちを整える。

11 同様に計5個の変わり2重丸つまみを作る。

12 ①と②で平丸土台を作り、上下に9ピンを貼る。土台から2～3mmはみ出るように配置し、紙を貼って9ピンを固定する（P25参照）。

13 土台に変わり2重丸つまみを5個葺き、花のかたちにする。

14 変わり丸つまみは、後ろの両サイドを下の2重変わり丸つまみをまたぐように葺く。

15 座金にボンドをつけて中央に貼り、その上に5mmビーズを貼る。

16 8mmパールに9ピンを通し、先端を丸めて丸カンを通す。カン付きのファーに丸カンでつなぐ。

17 チェーンに丸カンと板ダルマ、カニカンをつけてネックレスを作る。

18 つまみの土台の2つの9ピンをファーにつけたビーズの9ピンとチェーンにつないだら出来上がり。

薔薇のロングネックレス

◆ 材料

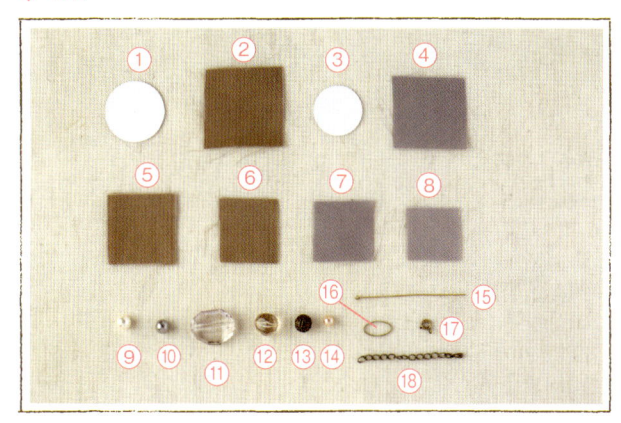

⑤ 布茶色薔薇用4cm角×10枚
⑥ 布茶色薔薇用3.5cm角×8枚
⑦ 布グレー薔薇用3.5cm角×10枚
⑧ 布グレー薔薇用3cm角×8枚
⑨ 茶色薔薇花芯用8mmパール×1個
⑩ グレー薔薇花芯用8mmパール×1個
⑪ 20×25mmアクリルビーズローズブラウン×4個
⑫ 14mmアクリルビーズライトブラウン×5個
⑬ 10mmメタルビーズ真鍮古美×9個
⑭ 6mmパールライトベージュ×17個
⑮ 9ピン×39本
⑯ 9×16mmメタルフープ（楕円）真鍮古美×9個
⑰ 引き輪×1個
⑱ アジャスター×1個
　脱脂綿適量

① 茶色薔薇台紙直径3.5cm×1枚
② 茶色薔薇台紙用布4.5cm角×1枚
③ グレー薔薇台紙直径2.8cm×1枚
④ グレー薔薇台紙用布3.5cm角×1枚

◆ 作り方

薔薇つまみの作り方

1 布⑤～⑧で丸つまみを作り（P29参照）、糊をつけて指でしごいておく。

2 後ろ部分が平らに近い状態になるようにピンセットで開く。

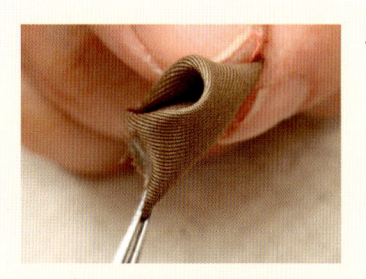

3 ピンセットで先端を挟む。

4
裏返しして、糊板の上に置く。

5
先端部分をピンセットで押しながら糊をたっぷりつけておく。後ろはふくらんだ状態。

6
布すべてつまんだ状態がこちら。これが薔薇つまみの花びらになる。グレーの布も同様に行う。

薔薇つまみの葺き方

7
平丸土台を作り、9ピンを2本貼る（P25参照）。土台から9ピンが5mmほどはみ出しておく。

8
4cm角（グレーの布は3.5cm）の布で作った薔薇つまみ1個目は土台の9ピンの上にくるように葺く。

9
2個目は1個目のすぐ隣に葺く。サイドが1個目に少しかぶるぐらいに配置する。

10
3個目も隣に葺く。同様にサイドが2個目に少しかぶるくらいに配置する。

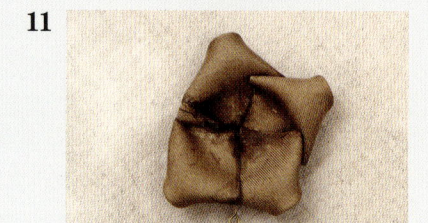

11
4個目を葺いた状態。

12
1段目最後の5個目はサイドが1個目にかぶるようにピンセットで持ち上げて調整する。

13
5個すべて葺いて1段目の完成。つねにサイドが隣のつまみの上にかぶっている状態かを確認すること。

14
2段目も1段目と同様のサイズの薔薇つまみを葺く。下の段のつまみの間に配置する。

15
2段目を葺いた状態。先端のみ葺いて、つまみのふくらんだ部分が立ち上がるイメージで行う。

16 3段目は3.5cm角(グレーの布は3cm)の布で作った薔薇つまみを葺く。2段目のつまみの間に配置する。

17 3段目を葺いた状態。中心に近くなるほど幅が狭くなるので、つまみのサイドがかなり隣のつまみと重なった状態になる。

18 4段目の1個目を葺く。

19 4段目をすべて葺いた状態。サイド同士が前後に重なるようにすること。

20 丸めた綿にボンドをつけて中心に貼る。つまみに高さが出るのでパールを貼っても埋もれてしまう場合は、パールを貼る前に脱脂綿で高さを出す。

21 中に入れた綿とパールにボンドをつけて貼る。

22 茶とグレー2色の薔薇つまみの完成。

23 アクリルビーズやメタルビーズ、パール、メタルフープに9ピンをつけて組み合わせて、ネックレスの土台を作る。

24 薔薇つまみの土台につけた9ピンとネックレスの土台を合わせて、出来上がり。

玉薔薇のスカーフクリップ

一輪玉薔薇のスカーフクリップ

◆ 材料

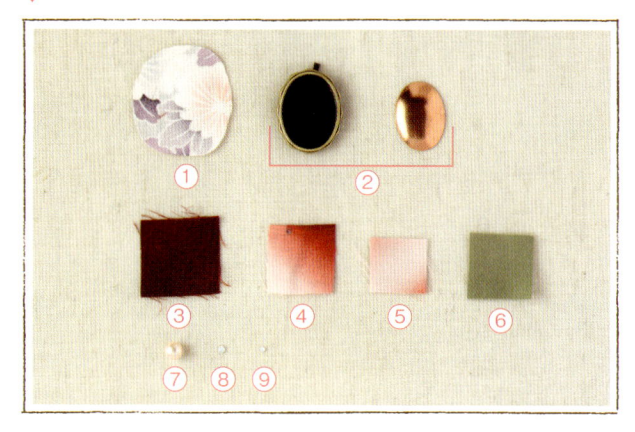

① 台座用布5×3.5cmの楕円×1枚
② 台座付き2.4×3.1cmスカーフクリップ金具×1個
③ 布薔薇用3.5cm角×3枚
④ 布薔薇用3cm角×3枚
⑤ 布薔薇用2.5cm角×各3枚
⑥ 布葉用3cm角×1枚
⑦ 花芯用8mmパール×1個
⑧ ラインストーンSS12×1個
⑨ ラインストーンSS9×2個
脱脂綿適量

◆ 作り方

1 スカーフクリップ金具の台座を台座用布の上に置き、周りをぐし縫いする。

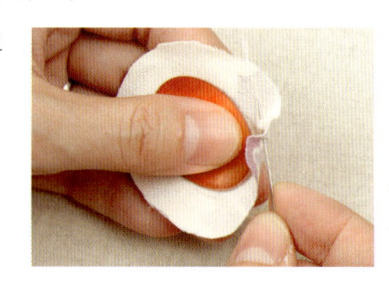

2 縫い終わったら、糸を引っぱり台座に布を沿わせる。玉留めして糸をカット。

3 スカーフクリップ金具の土台に強力接着剤をつける。

4 台座を貼る。

玉薔薇つまみの作り方

5 布③〜⑤で丸つまみを作り(P29参照)、糊板の上に置く。

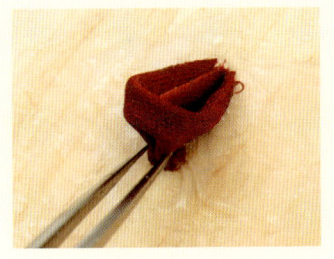

6 ピンセットで後ろを左右に開く。

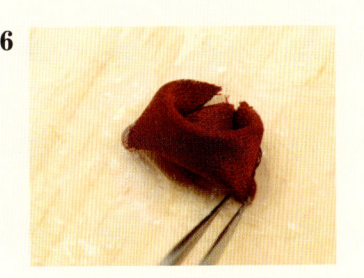

7 中央をピンセットでつぶし平らにして、糊をたっぷりつける。

8 両サイドを糊板の上にしっかり乗るように、ピンセットで開く。

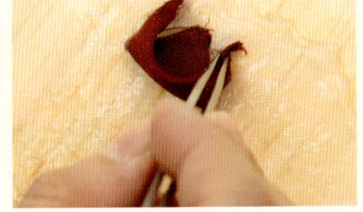

9 玉薔薇つまみの完成。

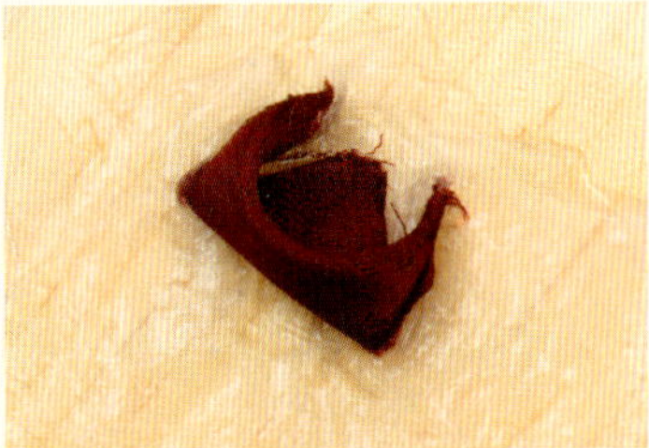

10 計9個の玉薔薇つまみを作る。

玉薔薇つまみを土台に葺く

11 3.5cm角の布でつくった玉薔薇つまみを土台の外周につまみのカーブが沿うように葺く。

12 2個目はサイドが1個目に重なるように葺く。

13 3個目も同様に葺く。3個で1つの円ができるようにする。最後は、3個目のサイドが1個目の内側に入るようにピンセットで調整する。

14 1段目の完成。

15 2段目は3cm角の布で作った玉薔薇つまみを葺く。

16 1段目と隙間が出来ないように1個目を葺く。

17 2個目の両サイドが、1個目と重なるように葺く。サイドそれぞれが1個目の内外側と互い違いに重なるようにする。

18 3個目を葺く。

19 3段目は2.5cm角の布で作った玉薔薇つまみを葺く。2個目を葺いた状態。

20 3個目を葺く。

21 すべて葺き終わったら、アウトラインが丸く整うようにピンセットで調整する。

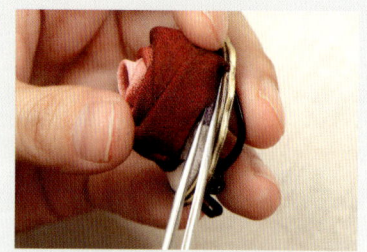

22 玉薔薇の完成。

23 中央に花芯用パールをボンドで貼る。パールが埋もれてしまう場合は、先に丸めた脱脂綿を貼って高さを出す。

24 葉用の布で剣つまみを作り(P32参照)、玉薔薇の外側に差し入れるようにして葺く。

25 ラインストーン3個を好みの位置にボンドで貼って出来上がり。

二輪玉薔薇のスカーフクリップ

◆ 材料

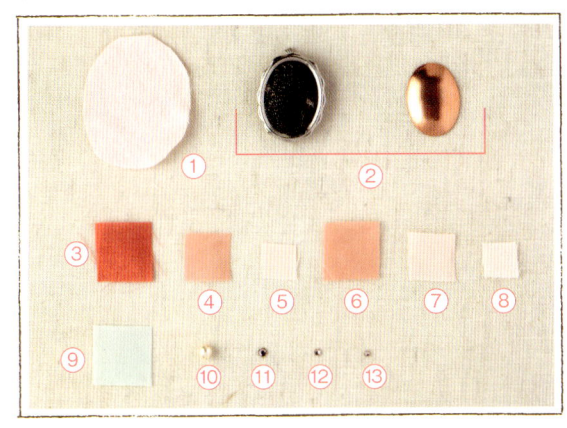

① 台座用布5×3.5cmの楕円×1枚
② 台座付き2.4×3.1cmスカーフクリップ金具×1個
③ 布薄赤薔薇用2.5cm角×3枚
④ 布薄赤薔薇用2cm角×3枚
⑤ 布薄赤薔薇用1.5cm角×3枚
⑥ 布オレンジ薔薇用2.5cm角×3枚
⑦ 布オレンジ薔薇用2cm角×3枚
⑧ 布オレンジ薔薇用1.5cm角×3枚
⑨ 布葉用2.5cm角×2枚
⑩ 花芯用6mmパール×2個
⑪ ラインストーンSS16×1個
⑫ ラインストーンSS12×2個
⑬ ラインストーンSS7×2個

◆ 作り方

作り方はすべて一輪玉薔薇バージョンと一緒（P57参照）。3サイズの布で2種類の玉薔薇のつまみを葺く。

玉薔薇のピアスと指輪

玉薔薇のピアス

◆ 材料

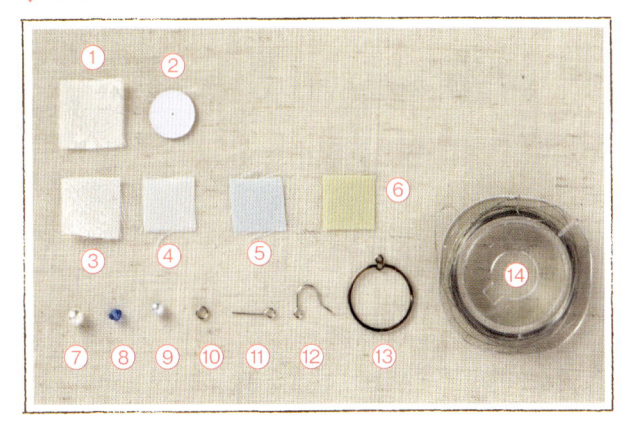

① 台紙用布2cm角×2枚
② 台紙直径1.4cm×2枚
③ 布薔薇用（外側）1.8cm角×6枚
④ 布薔薇用（内側）1.5cm角×2枚
⑤ 布薔薇用（内側）1.5cm角×4枚
⑥ 布葉用1.5cm角×2枚
⑦ 花芯用5mmパール×2個
⑧ デコ用4mmスワロソロバン型ビーズ×4個
⑨ デコ用4mmパール×8個
⑩ 丸カン×2個
⑪ 9ピン×2個
⑫ ピアス金具×2個
⑬ フープ金具直径2cm×2個
⑭ 30番ワイヤー適量

◆ 作り方

1 土台を作る
9ピン付き平丸土台を作る（P25参照）。

2 玉薔薇つまみを作る
ピアス1つに対して6個の玉薔薇つまみ（P57参照）を作り、糊板の上に置く。

3 剣つまみを作る
葉用の布で剣つまみ（P32参照）を1個作る。

4 玉薔薇のかたちに葺く
1.8cm角の布で作った3個のつまみを1段目、1.5cmの角の布で作った3個を2段目として葺く。

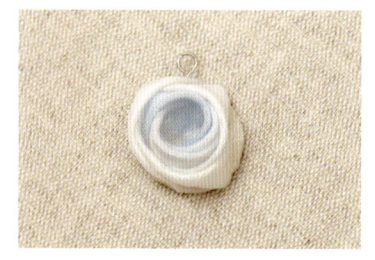

5 葉を葺く
剣つまみを玉薔薇の外側に差し入れるように葺く。

6 飾りを貼る
つまみの中央に花芯用パールをボンドで貼る。

7 土台の下準備
フープ金具にワイヤーを2回ほど巻いて固定させる。

8 飾りをつける
デコ用パールをワイヤーに通す。

9 飾りを固定させる
ワイヤーを2回ほど金具に巻く。

10 1個ずつ固定する
パールとスワロソロバン型ビーズを交互にワイヤーに通し、その都度ワイヤーを金具に巻く。

11 飾りが完成
最後はワイヤーを金具に巻いて、余分をカット。

12 土台と合わせる
土台につけた9ピンと、ピアスフックをフープ金具についたカンにヤットコでつけたら出来上がり。

玉薔薇の指輪

◆ 材料

① 台紙直径1.4cm×1枚
② 台紙用布2cm角×1枚
③ 台座付き指輪×1個
④ 布薔薇用（外側）1.8cm角×3枚
⑤ 布薔薇用（内側）1.5cm角×1枚
⑥ 布薔薇用（内側）1.5cm角×2枚
⑦ 布葉用1.5cm角×3枚
⑧ 花芯用5mmパール×1個

◆ 作り方

作り方は玉薔薇のピアスと同じ（P60参照）。9ピンのつかない平丸土台（P24参照）に玉薔薇を葺き、葉を3枚差し込む。乾いたら指輪の土台に強力接着剤で貼る。

♛ 三角薔薇のブローチとシューズクリップ

三角薔薇のブローチ

◆ 材料

① 台紙用布5cm角×1枚
② 台付きブローチ金具2.95cm角×1個
③ 布薔薇用（外側）4cm角×3枚
④ 布薔薇用（中側）3.5cm角×2枚
⑤ 布薔薇用（中側）3.5cm角×白1枚
⑥ 布薔薇用（内側）3cm角×3枚
⑦ 布葉用3cm角×2枚
⑧ 布葉用3cm角×1枚
⑨ 布葉用3cm角×2枚
⑩ 花芯用8mmパール×1個

◆ 作り方

1 土台を作る
土台用布は4角をカットし、中央にブローチ金具の台を置く。

2 土台に布を貼る
布の4辺にボンドをつけて、ブローチ金具の台を包むように貼る。

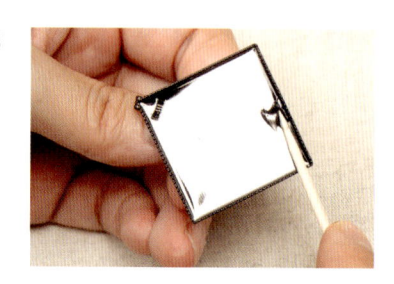

3 台を貼る
ブローチ金具の土台に強力接着剤をつけ、その上に**2**を貼る。

4 剣つまみを作る
薔薇用の布で剣つまみを作る(P32参照)。

5 糊板の上に置く
糊を底につけてよくしごいてから、糊板の上に置く。

6 先端を開く
ピンセットで先端を左右に開く。

7 先端に糊をつける
先端をピンセットで押し、糊をたっぷりつける。

8 つまみの出来上がり
4色計9個のつまみの完成。

9 1個目を葺く
薔薇の外側用の布で作ったつまみを、裏にブローチピンがついた位置に葺く。土台の角に合わせるイメージ。

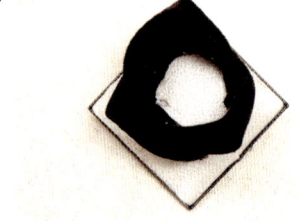

10 1段目を葺く
玉薔薇の土台の葺き方の要領(P57～)で、つまみのサイド同士が重なるように円を描くイメージで葺く。

11 2段目を葺く
中側用の布で作ったつまみ3個を1段目のつまみの間に葺く。左右のサイドが隣のつまみの前後に重なるように配置する。

12 3段目を葺く
2段目と同様に、内側用の布で作ったつまみ3個を葺く。

13 飾りを貼る
中央に花芯用パールを貼る。

14 剣つまみを作る
葉用の布で5個の剣つまみを作る（P32参照）。

15 葉を葺く
薔薇の外側に沿って、斜めに差し込むように葺く。

16 扇形に配置する
薔薇の外側半分が埋まるように葺いて、最後にピンセットでバランスを調整して出来上がり。

三角薔薇のシューズクリップ

◆ 材料

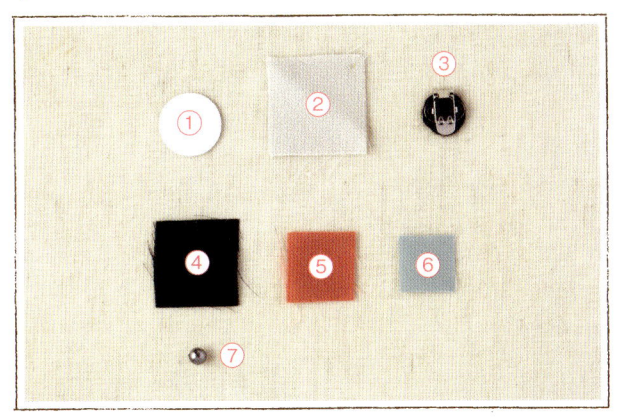

① 台紙直径2.2cm×2枚
② 台紙用布3.5cm角×2枚
③ シューズクリップ金具×2個
④ 布薔薇（外側用）3cm角×6枚
⑤ 布薔薇（中側用）2.5cm角×6枚
⑥ 布薔薇（内側用）2cm角×6枚
⑦ 花芯用6mmパール×2個

◆ 作り方

作り方は三角薔薇のブローチと同じ。平丸土台を作り（P24参照）、つまみを葺く。完全に乾いたら、シューズクリップ金具と土台にボンドをつけて貼り合わせる。

なでしこの2wayクリップ

◆ 材料

1. 35mmスチロール球×1個
2. 台紙2wayクリップを埋める用
   直径2.3cm、1.6cm×各1枚
3. スチロール球用布5cm角×1枚
4. 2wayクリップ金具直径2.4cm×1個
5. 布なでしこ用2.5cm角×5枚
6. 布なでしこ用2.5cm角×5枚
7. 布なでしこ用2.5cm角×5枚
8. 布葉用2.5cm角×6枚
9. 薄青パールペップ適量
   30番ワイヤー適量

◆ 作り方

1 スチロール球の1/4をカットする。

2 半球土台を作る（P26参照）。

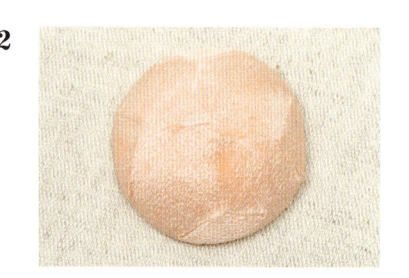

3 桜型丸つまみの要領（P48）で布の裏の中心に糊をつけて丸つまみを作り、折り山の中央に切り込みを入れる。

4 切り込みを入れた状態。

5 サイドに向かって同様に切り込みを入れる。

切り込みの入れ方

6 同様に反対サイドも切り込みを入れる。

7 糊を底につけてよくしごいてから、糊板の上に置き、後ろをピンセットで左右に開き、ふくらみをつける。

8 なでしこ用の布で計15個同様に作る。

9 葉用の布で剣つまみを作り（P32参照）、1/4を端切り（P28参照）して糊板の上に置く。

半球土台の葺き方

10 半球土台の中心にマチ針を刺す。1個目のつまみは、マチ針につまみの外周がくるように葺く。

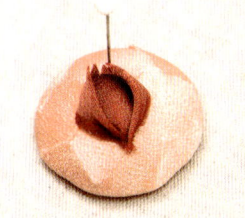

11 隣に1個ずつ葺き、花（なでしこ）のかたちにする。

12 2輪目も同様に最初の1個目はマチ針につまみの外周がくるように葺く。

13 2輪目の完成。

14 3輪目も同様に最初の1個目はマチ針につまみの外周がくるように葺く。

15 3輪目の完成。

16 3輪の花と花の間に剣つまみを2個ずつ葺く。隙間を埋めるように配置すること。

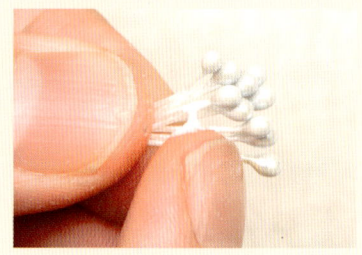

17 花芯を作る。ペップをまとめて持ち、根元にボンドをつける。

18 ボンドをつけた上から端を少し残して、ワイヤーで巻く。

19 巻き終わりは、先に残したワイヤーと合わせてねじり余分をカットする。

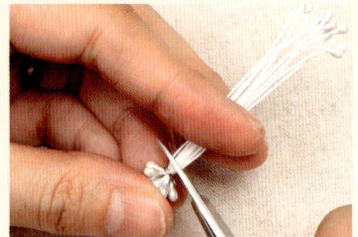

20 ワイヤーを巻いたすぐ下でペップの芯をカットする。

21 花の中心にペップの飾りをボンドで貼る。

22 2wayクリップ金具の台にクリップを埋める用の台紙を強力接着剤またはグルーガンのグルーで貼る。

23 花が乾いてから、台紙とつまみの土台に強力接着剤をつけて貼り合わせて出来上がり。

もみじの帯留めとバレッタ

もみじの帯留め

◆ 材料

① 台紙直径2.5cm×2枚
② 台紙用布3.5cm角×1枚
③ 帯留め金具×1個
④ 布変わり2重剣つまみ外側用3cm角×3枚
⑤ 布変わり2重剣つまみ内側用3cm角×3枚
⑥ 布変わり2重剣つまみ外側用2.8cm角×2枚
⑦ 布変わり2重剣つまみ内側用2.8cm角×2枚
⑧ 布変わり2重剣つまみ外側用2.5cm角×2枚
⑨ 布変わり2重剣つまみ内側用2.5cm角×2枚
⑩ 地巻きワイヤー用26番ワイヤー適量
⑪ 刺繍糸(ベージュ)適量

◆ 作り方

1 台紙2枚をボンドで貼り合わせてから、平丸土台を作る(P24参照)。

変わり2重剣つまみの作り方

2 変わり2重剣つまみ外側用の布を半分に折る。

3 同サイズの布内側用を半分に折り、2枚を重ねる。

4 中央位置をピンセットで挟む。

5 2枚一緒に半分に折って、ピンセットを抜く。

6 ピンセットで三角形の中央位置よりやや輪寄りに挟み直す。

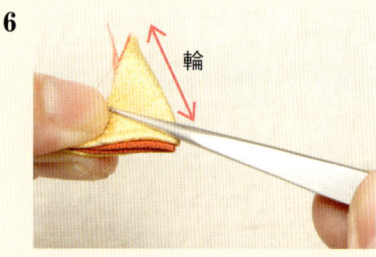

7 さらに半分に折る。

8 ピンセットを抜いて、指で押さえておく。

9 糊を底につけよくしごいてから、糊板の上に置く。これで変わり2重剣つまみの完成。

10 大3個、中2個、小2個、それぞれ同サイズの布で計7個の変わり2重剣つまみを作る。

11 一番小さいサイズの布（⑧と⑨）で作ったつまみから土台に葺く。

12 小→中→大3個→中→小と、つまみのサイズの順に円を描くように葺く。

13 26番ワイヤーにベージュの刺繍糸を巻いて地巻きワイヤーを作る（P28参照）。ワイヤーを丸ヤットコに一重巻きつけ、その周りにぐるぐるとワイヤーを巻いて丸くかたち作り、先端は折り返す。

14 中央にボンドで貼る。

15 帯留め金具の上に強力接着剤で貼って出来上がり。

もみじのバレッタ

◆ 材料

① 台紙バレッタ土台用2×9cm×2枚
② 台紙用布5×12cm×1枚
③ キルト芯2×9cm×1枚
④ 布2.3cm角×3枚
⑤ 布2.3cm角×3枚
⑥ 布2cm角×2枚
⑦ 布2cm角×2枚
⑧ 布1.8cm角×2枚
⑨ 布1.8cm角2枚
＊④〜⑨は一番左のもみじ（変わり2重剣つまみ）
⑩ 布1.3cm角×1枚
⑪ 布1.5cm角×1枚
⑫ 布1.8cm角×2枚
⑬ 布1.8cm角×1枚
⑭ 布1.5cm角×1枚
⑮ 布1.3cm角×1枚
＊⑩〜⑮は真ん中のもみじ（剣つまみ）
⑯ 布1.3cm角×1枚
⑰ 布1.5cm角×1枚
⑱ 布1.8cm角×2枚
⑲ 布1.8cm角×1枚
⑳ 布1.5cm角×1枚
㉑ 布1.3cm角×1枚
＊⑯〜㉑は一番右のもみじ（剣つまみ）
㉒ 地巻きワイヤー用26番ワイヤー適量
㉓ 刺繍糸（ベージュ）適量
㉔ バレッタ金具8cm×1個

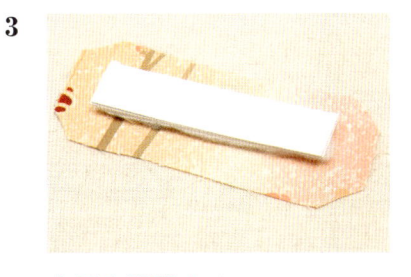

◆ 作り方

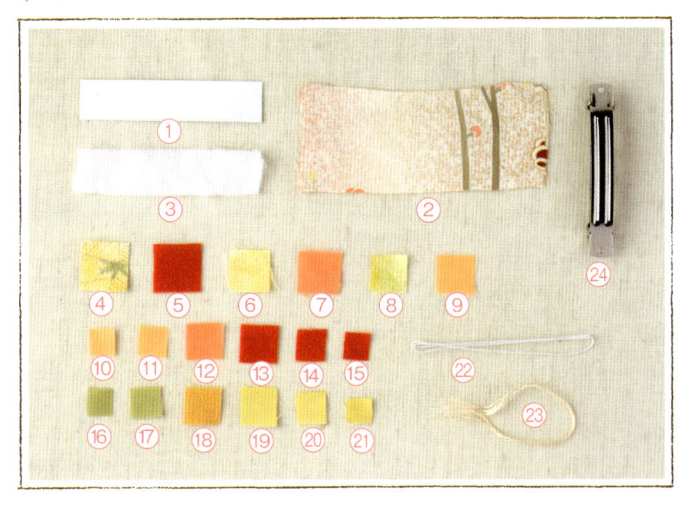

1 台紙で土台を作る
台紙2枚をボンドで貼り合わせ、バレッタ金具のカーブに沿うように少し曲げておく。

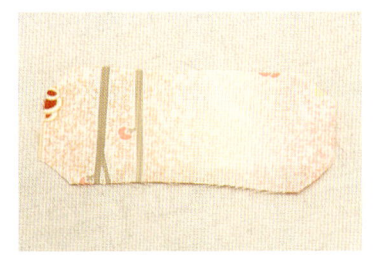

2 台紙用布をカット
バレッタの土台用台紙を、包みやすいように、4角をカットする。

3 台紙を配置する
布の中央にキルト芯と台紙を置く。

4 布を貼る
裏に折り返す部分の布に指で薄くボンドをつけて、キルト芯と台紙を包むように貼る。

5 土台の完成
布の上下を折って、サイドを折る。

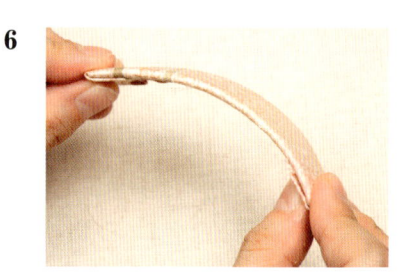

6 カーブをつける
再び、手で折るようにカーブをつけておく。

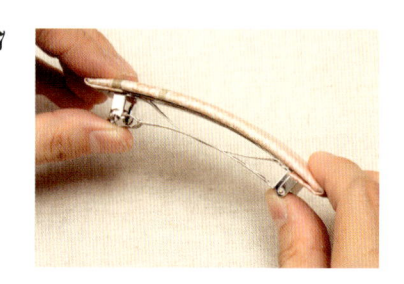

7 貼り合わせる
バレッタ金具に強力接着剤をつけて土台を貼る。

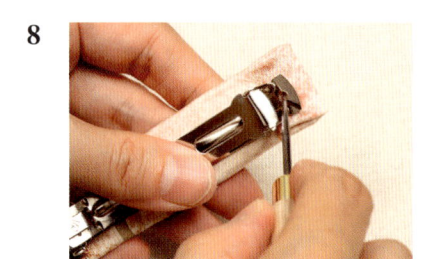

8 縫い穴を空ける
バレッタ金具についた穴に合わせて、目打ちで土台に穴を空ける。

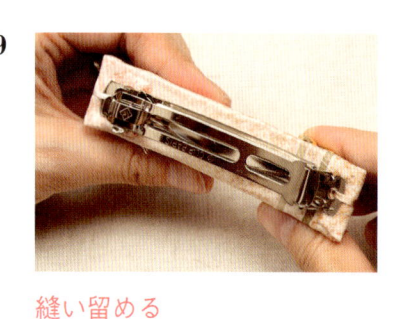

9 縫い留める
土台と同色の糸で土台と金具をかがり縫いして、補強する。

10 つまみを葺く
変わり2重剣つまみ(P67参照)と剣つまみ(P32参照)を円状に葺き、中央に丸ヤットコを巻きつけて丸めた地巻きワイヤーを貼る(P28、68参照)。

胡蝶蘭のコームとチョーカー

胡蝶蘭のコーム

◆ 材料

① 台紙用布3cm角×3枚
② 台紙直径2.2cm角×3枚
③ 布3.5cm角×6枚
④ 布3cm角×8枚
⑤ 布2.5cm角×3枚
⑥ 布1.8cm角×3枚
⑦ 布1.8cm角×6枚
⑧ 脱脂綿適量
⑨ 5本足コーム×1個
⑩ 24番ワイヤー緑適量
⑪ 刺繍糸(緑)適量

◆ 作り方

1 丸裏つまみを作る
③と④の布で作った丸つまみ(P29参照)を糊板の上に置き、30分程そのままにして糊をよく吸わせる。

2 糊板の上から出す
指で持ち、よく糊がついているか確認する。

3 裏を上にして持ち変える
糊のついた面を上にして両サイドをピンセットで開く。

4 開いた状態
開いた状態で半乾きになるまで置いておく。

5 左右を重ね合わせる
糊が半乾きになったらピンセットで挟みながら、両端を中央で重ね合わせる。

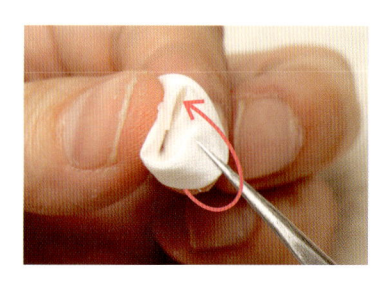

6 表に返す
つまみの後ろ部分をピンセットで挟み、親指方向にピンセットを倒しながら、布をひっくり返す。

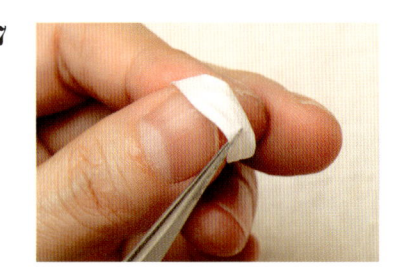

7 返した状態
ピンセットを倒して、ひっくり返した状態。

8 丸裏つまみが出来た状態
右が表、左が裏から見た状態。これが丸裏つまみとなる。

9 先端だけにのり付け
先端にのみ糊がつくように糊板の上に置く。

10 丸つまみと剣つまみを作る
布⑤は丸つまみの1/4を端切り(P28参照)、⑥は端切りなしの丸つまみ(P29参照)、布⑦は剣つまみ(P32参照)を作る。

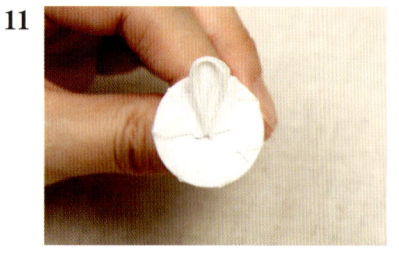

11 土台に葺く
①と②、⑩でワイヤー付き平丸土台を作る(P25参照)。端切りした丸つまみを土台に葺く。

12 丸裏つまみ小を葺く
最初に葺いた丸つまみの先を基点に2個ずつの丸裏つまみ小を葺く。

13 丸裏つまみ大を葺く
最初に葺いた丸裏つまみに少し重ねるように葺いて、立体的にかたちづける。

14 丸つまみを葺く
端切りした丸つまみの対角線上に、端切りなしの丸つまみを葺く。

15 剣つまみを葺く
14の両サイドに剣つまみを葺く。このパーツを同様に計3つ作る。

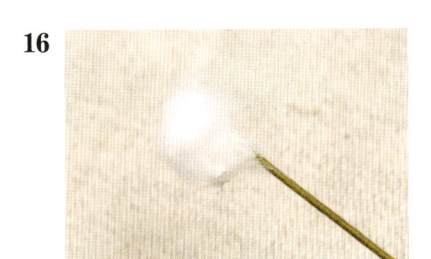

16 つぼみの土台を作る
ワイヤーの先にボンドをつけて丸めた綿を貼る。

17 つぼみを作る
布④で作った丸裏つまみのヘリにボンドをつける。

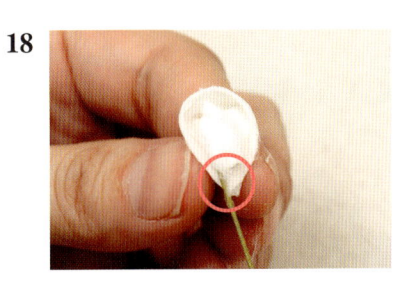

18 つぼみを土台につける
綿をつけたワイヤーの根元にボンドをつけて、丸裏つまみを置く。

19 もうひとつのつまみを合わせる
同様にヘリにボンドをつけた丸裏つまみを重ねて貼り合わせる。

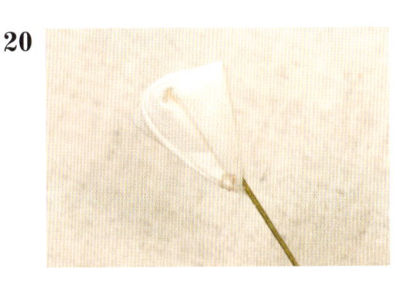

20 つぼみができた状態
これでつぼみ部分の完成。

21 すべてできた状態
パーツがすべてできた状態。

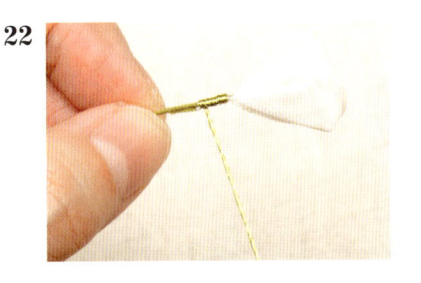

22 パーツを合わせる
つぼみのパーツのワイヤーの根元にボンドをつけてから2本取りした刺繍糸を2cmほど巻きつける。

23 花のパーツを折る
ワイヤーの根元から7mmの位置で折り、折り目にボンドをつける。

24 つぼみのパーツと合わせる
折り目部分をつぼみのワイヤーに貼って、糸で一緒に3.5cmほど巻く。

25 2本目も同様に貼る
1本目と同じ位置で折り、ボンドをつけて糸で巻き合わせる。

26 3本目ができた状態
3本目も同様に巻き、3.5cmほど巻いたら、ワイヤーの間に糸を通して、余分な糸をカット。

27 すべてつけ終わった状態
裏から見た状態。等間隔にパーツがついている。

73

28
コームにつける準備
3つ目のパーツの根元から1.5cm下の位置でワイヤーを直角に折る。

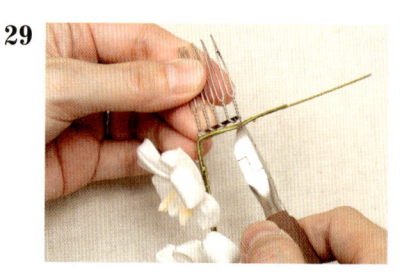

29
ワイヤーをカット
コームをワイヤーに沿わせて、はみ出たワイヤーをニッパーでカット。

30
コームに巻きつける
コームのつけ方（P44）を参照して、糸を巻きつけパーツをつけたら出来上がり。

胡蝶蘭のチョーカー

◆ 材料

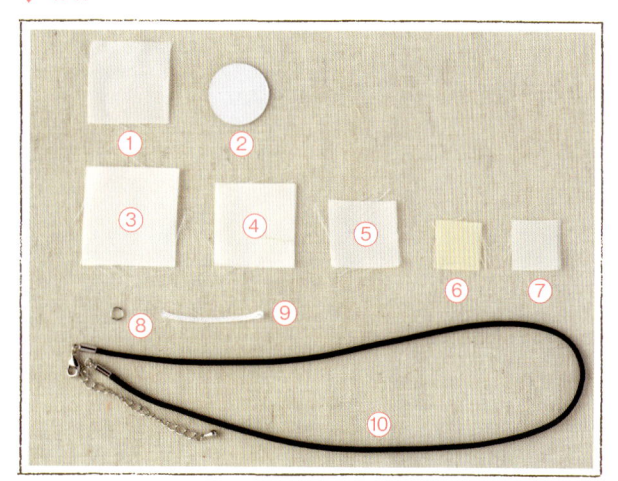

① 台紙用布3cm角×1枚
② 台紙直径2.2cm×1枚
③ 布3.5cm角×2枚
④ 布3cm角×2枚
⑤ 布2.5cm角×1枚
⑥ 布1.8cm角×2枚
⑦ 布1.8cm角×1枚
⑧ 丸カン×1個
⑨ リリアン（または唐打ち紐）4cm×1本
⑩ チョーカー用コード×1個

◆ 作り方

1
土台を作る
平丸土台を作り（P24参照）、裏に輪にしたリリアンをボンドで貼る。

2
パーツを作る
胡蝶蘭のコームと同様に（P71参照）③と④で丸裏つまみ、⑤で丸つまみの1/4を端切り、⑦で丸つまみ、⑥で剣つまみを作り、土台に葺く。

3
チョーカーとつなぐ
丸カンでチョーカー用コードとリリアンで作った輪をつないで、出来上がり。

3種の帯飾り

丸菊と小さな菊の帯飾り

◆ 材料

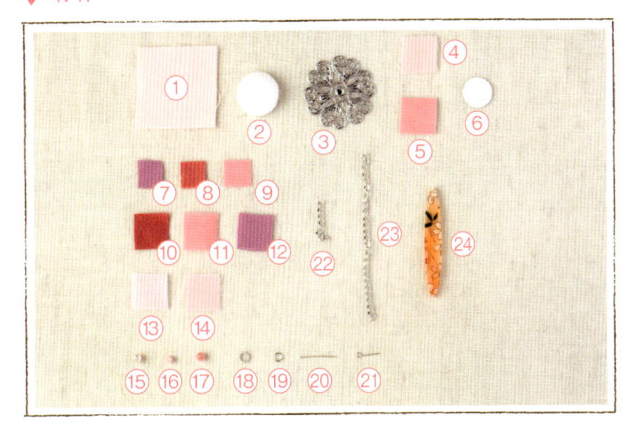

① スチロール球用布 4.5cm角×1枚
② 25mmスチロール球×1個
③ 平たい座金 4cm×1枚
④ 菊台紙用布 2.5cm角×1枚
⑤ 菊台紙用布 2.5cm角×1枚
⑥ 菊台紙直径1.6cm×2枚
⑦ 布半クス用（1段目紫）1.5cm角×2枚
⑧ 布半クス用（1段目濃いピンク）1.5cm角×2枚
⑨ 布半クス用（1段目淡いピンク）1.5cm角×4枚
⑩ 布半クス用（2～5段目濃いピンク）2cm角×8枚
⑪ 布半クス用（2～5段目淡いピンク）2cm角×16枚、菊用×4枚
⑫ 布半クス用（2～5段目紫）2cm角×8枚、菊用×4枚
⑬ 布菊用2cm角×4枚
⑭ 布菊用2cm角×4枚
⑮ 5mmパール×7個（ビーズ飾り用5個、菊花芯用2個）
⑯ 4mmビーズ×10個（半クス花芯用6個、チェーン飾り用4個）
⑰ 5mmキャッツアイビーズ×7個
⑱ ツイスト丸カン6mm×2個
⑲ 丸カン×2個
⑳ Tピン×4本
㉑ 9ピン×15本
㉒ チェーン約2.5cm×1本
㉓ チェーン約9cm×1本
㉔ 帯飾りプレート×2個
　テグス適量

◆ 作り方

1 半球土台を作る
スチロール球を半分にカットし、半球土台を作る（P26参照）。

2 土台の中心に印をつける
土台の中心にマチ針を刺しておく。

3 土台に葺く
半クス用の布で丸つまみを作り（P29参照）、針の中心に沿って、1段目を葺く。

4

2段目を葺く
1段目と同じラインになるように葺く。1段目の色の並び順と、1色ずつずらして配置する。

5

3段目を葺く
2段目のつまみとつまみの間に3段目を葺く。2段目と同様に1色ずつずらして配置する。

6

4段目を葺く
2段目と同じラインになるように葺く。色の並び順は2段目と合わせる。

7

5段目を葺く
3段目と同じラインに並ぶように葺く。色の並び順は4段目と1色ずつずらす。このまま乾かす。

8

座金に貼る
ビーズにテグスを通し、花芯の飾りを作って(P34～参照)中心に貼る。ボンドが乾いたら、土台に強力接着剤をつけて、座金に貼る。

9

菊のパーツを作る
9ピン1つと上下に2つを裏に貼った9ピン付き平丸土台を作り(P25参照)、その上に剣つまみを葺き(P32参照)、菊のパーツを作る。中央にパールを貼る。

10

ビーズ飾りを作る
5mmパール4個とキャッツアイビーズ4個に9ピンをつけて、1本につなぐ。

11

チェーン飾りを作る
Tピンに4mmビーズを通し、先を丸めて、チェーンにつける。

12

菊パーツをビーズでつなぐ
キャッツアイビーズ2個にそれぞれ9ピンをつけて、菊のパーツの土台につけた9ピンとつなぐ。

13

チェーン飾りと合わせる
菊のパーツと合わせたビーズの9ピン部分を**11**のチェーン飾りにつなぐ。

14

帯飾りプレートをつける
10のビーズ飾りと**13**のチェーン飾りをツイスト丸カンで帯飾りプレートにつなぐ。もう一枚の帯飾りプレートもツイスト丸カンでチェーンとつなぎ、その先端に9ピンをつけたキャッツアイビーズと5mmパールをつける。

15

飾りをつける
つまみの座金の模様部分とビーズの9ピンを丸カンでつなぐ。

16

座金をもう一方の飾りとつなぐ

チェーンとビーズ飾り、座金の模様部分を丸カンでつないだら出来上がり。

蝶々の帯飾り

◆ 材料

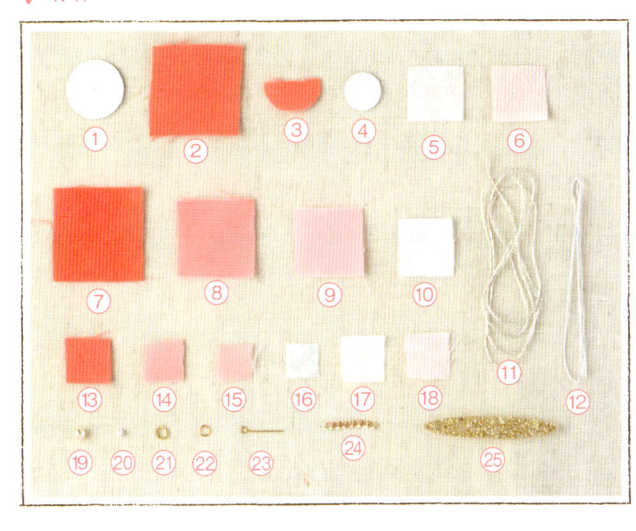

① 蝶台紙直径2.5cm×1枚
② 蝶台紙用布4cm角×1枚
③ 蝶台紙カバー用布
　 直径2.5cmの半円分×1枚
④ 菊台紙直径1.6cm×2枚
⑤ 菊台紙用布2.5cm角×1枚
⑥ 菊台紙用布2.5cm角×1枚
⑦ 布蝶用4cm角×1枚
⑧ 布蝶用3.5cm角×1枚
⑨ 布蝶用3cm角×1枚
⑩ 布蝶用2.5cm角×1枚
⑪ 刺繍糸（シルバー）適量
⑫ 26番ワイヤー適量
⑬ 布蝶用2cm角×1枚
⑭ 布蝶用1.8cm角×1枚
⑮ 布蝶用1.5cm角×1枚
⑯ 布蝶用1.5cm角×1枚
⑰ 布菊用2cm角×10枚
⑱ 布菊用2cm角×10枚
⑲ 蝶胴体用5mmパール×3個
⑳ 菊花芯用3mmパール×12個
㉑ ツイスト丸カン6mm×2個
㉒ 丸カン×2個
㉓ 9ピン×5本
㉔ チェーン適量
㉕ 帯飾りプレート×1個

◆ 作り方

1　台座に9ピンをつける

④〜⑥で9ピン付き平丸土台（P25参照）を2個作る。菊の土台はつなげたときにジグザグになるよう、裏に9ピンを写真のように貼る。

2　カバー布を貼る

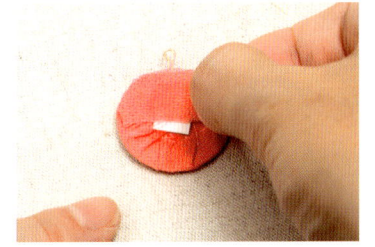

①と②で作る9ピン付き平丸土台（P25参照）は9ピンを1本つけて、その上から9ピンのつなぎ目が見えないように、布③を貼る。布のはみ出た部分はカットする。

3　丸つまみと剣つまみを作る

布⑩⑯は丸つまみ（P29参照）、⑦〜⑨、⑬〜⑮は剣つまみを作り（P32参照）、高さが同じになるように底を1/3〜1/4端切り（P28参照）する。

77

4

剣つまみを葺く

4cm角で布でつまんだ剣つまみから順に土台に葺く。

5

3個目まで葺く

順にサイズを変えて隣に葺いていく。

6

丸つまみを葺く

2.5cm角の布でつまんだの丸つまみを剣つまみの隣に葺く。

7

剣つまみを葺く

逆サイドに中心に隙間を少し空けて、2cm角の布でつまんだ剣つまみを葺く。

8

サイズ順に葺く

サイズが順に小さくなるように3個葺く。その隣に1.5cm角の布でつまんだ丸つまみを葺く。

9

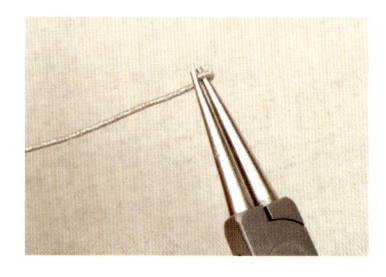

触角のパーツを作る

⑪と⑫で地巻きワイヤーを作る（P28参照）。ワイヤーを4cmと5cmに2本カットし、ワイヤーの先を丸ヤットコで丸める。

10

飾りパーツをつける

土台の中心に触角のパーツを貼り、その上に5mmパールを3粒貼り乾かす。

11

菊パーツを作る

菊用の布で剣つまみを作り、1の土台に葺く。花芯用パールにテグスを通した飾りを中心に貼る（P34～参照）。乾いたら、2個のパーツを丸カンでつないでおく。

12

すべてのパーツをつなぐ

帯飾りプレートとチェーンはツイスト丸カンでつなげる。菊のパーツと蝶々のパーツは丸カンでつなぎ、これをチェーンにつないで出来上がり。

クローバーの帯飾り

◆ 材料

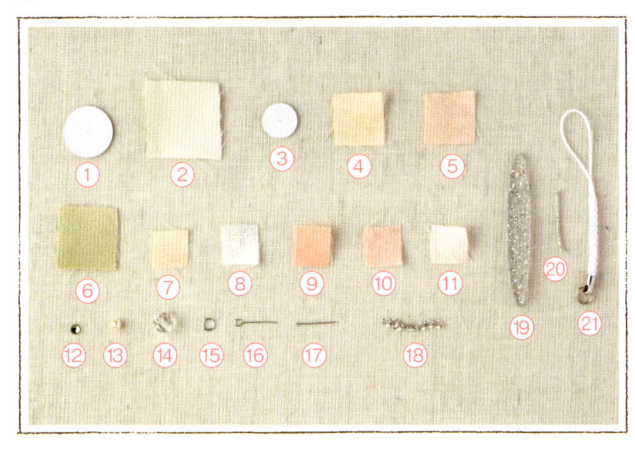

① クローバー用台紙直径2cm×1枚
② クローバー台紙用布3cm角×1枚
③ 小花用台紙直径1.4cm×2枚
④ 小花台紙用布2cm角×1枚
⑤ 小花台紙用布2cm角×1枚
⑥ 布クローバー用2.5cm角×4枚
⑦ 布小花用(黄)1.5cm角×3枚
⑧ 布小花用(薄黄)1.5cm角×1枚
⑨ 布小花用(橙)1.5cm角×1枚
⑩ 布小花用(薄橙)1.5cm角×2枚
⑪ 布小花用(淡橙)1.5cm角×1枚
⑫ クローバー花芯用ラインストーンSS16×1個
⑬ 小花花芯用4mmパール×2個
⑭ 8mmスワロラウンド型ビーズ×1個
⑮ 丸カン×2個
⑯ 9ピン×3本
⑰ Tピン×1本
⑱ チェーン約2.5cm×1本
⑲ 帯飾りプレート×1個
⑳ 銀地巻きワイヤー適量
㉑ 根付紐×1個

◆ 作り方

1 土台を作る
クローバー用土台として、9ピンと地巻きワイヤーを貼った平丸土台を作り、上から紙を貼って、固定する(P25参照)。

2 桜つまみを作る
クローバー用の布で桜型丸つまみ(P48参照)の要領でつまみ、土台に葺く。中心にラインストーンを貼る。

3 小花のパーツを作る
9ピン付きの平丸土台を2つ作り(P25参照)、小花用の布で丸つまみを作り(P29参照)、土台に葺く。中心にパールを貼る。

4 飾りパーツと合わせる
パーツが乾いたら、スワロラウンド型ビーズにTピンを通し先端を丸める。チェーンの途中に小花、スワロラウンド型ビーズをつなぎ、先端に丸カンでクローバーをつなぐ。

5 帯飾りを作る
根付紐に帯飾りプレートをつけて、チェーンの先端の丸カンで飾りパーツとつないだら出来上がり。

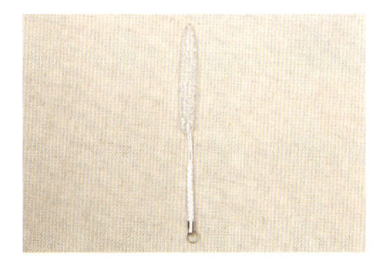

両面配置の花かんざし

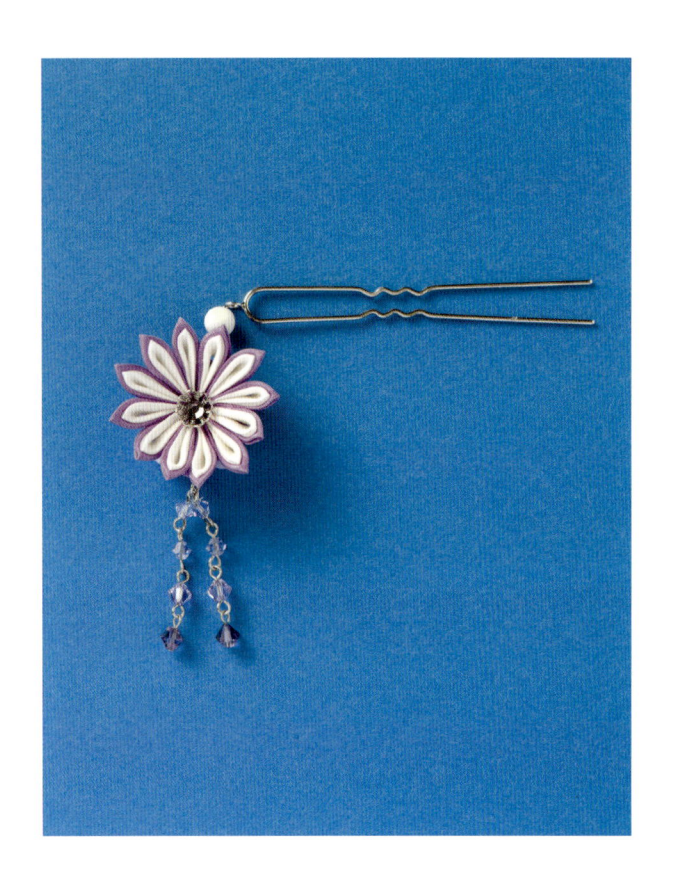

♦ 材料

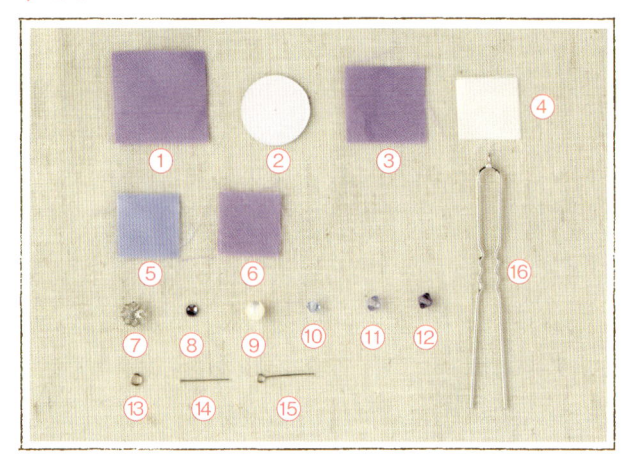

① 台紙用布3cm角×1枚
② 台紙直径2.2cm×1枚
③ 布2重剣つまみ用2.5cm角×12枚
④ 布2重剣つまみ用2cm角×12枚
⑤ 布丸つまみ用2cm×4枚
⑥ 布丸つまみ用2cm×4枚
⑦ 8mm座金×1個
⑧ ラインストーンSS16×2個
⑨ 6mmマザーオブパール×1個
⑩ 下がり用4mmスワロソロバン型ビーズ×4個
⑪ 下がり用5mmスワロソロバン型ビーズ×2個
⑫ 下がり用5mmスワロソロバン型ビーズ×2個
⑬ 丸カン×1個
⑭ 9ピン×9本
⑮ Tピン×2本
⑯ カン付きかんざし金具8cm×1個

♦ 作り方

1 土台を作る

平丸土台を作り、裏に9ピンを上下に貼り、その上に紙を貼って9ピンを固定する（P25参照）。

2 2重剣つまみを作る

2重剣つまみを12個作り（P45参照）、底から1/4を端切り（P28参照）する。

3 対角線上に葺く

十字になるように対角線上に順に葺く。

4 間に2つずつ葺く

最初に葺いたつまみの間に2個ずつ葺く。

5 すべて葺いた状態
表面のつまみが完成。このまま乾かす。

6 中央に飾りをつける
座金をつまみ中央にボンドで貼り、その中に再びボンドをつけてラインストーンを貼る。

7 丸つまみを葺く
表面が乾いたら裏面用に丸つまみを8個作り、底から1/4を端切りして（P28、29参照）、表面と同様の手順で葺く。中央にラインストーンを貼って乾かす。

8 下がり飾りを作る
下がり飾りは先端のビーズにTピン、そのほかのビーズに9ピンを通して先端を丸め、写真のようにつなげる。マザーオブパールは9ピンを通して先端を丸める。

9 つまみ飾りとつなぐ
カン付きかんざしにマザーオブパール、つまみ飾りをつなげる。下がり飾りはつまみ飾りと丸カンでつなげて出来上がり。

♛ 1本箸のかんざし

◆ 材料

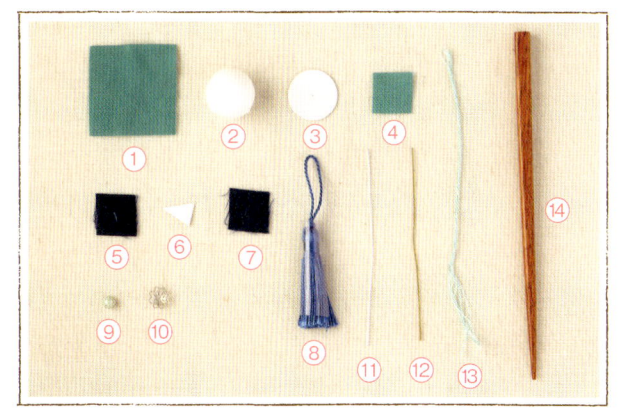

① スチロール球用布4.5cm角×1枚
② 25mmスチロール球×1個
③ 台紙直径2.5cm×1枚
④ 布2cm角×36枚
⑤ 葉台紙用布2cm角×1枚
⑥ 葉用台紙×1枚（底辺1.2×高さ1.5cmの二等辺三角形）
⑦ 布葉用2cm角×5枚
⑧ タッセル1個
⑨ 花芯用6mmビーズ×1個
⑩ 花芯用11mm座金×1個
⑪ 22番白ワイヤー適量
⑫ 24番緑ワイヤー適量
⑬ 刺繍糸（ターコイズグリーン）適量
⑭ お箸16.5cm×1本

◆ 作り方

1 ワイヤー付き半球土台を作る
スチロール球を半分にカットし、ワイヤー付き半球土台を作る（P26参照）。

2 変わり丸つまみを作る
2cm角の布で変わり丸つまみを36個作る（P51参照）。

3 1段目を葺く
土台の中心にマチ針を刺し、対角線上に4個葺いてから間に2個ずつ葺く。

4 2段目を葺く
1段目のつまみの間に入れるように2段目を同数葺く。

5 2段目が完成
正面から見た状態。

6 3段目を葺く
2段目のつまみの間に入れるように3段目を同数葺く。1段目と同じラインに並ぶように葺くこと。

7 すべて葺いた状態
マチ針を外す。

8 中心を飾る
座金とビーズをボンドで貼る。オアシス、スポンジなどに挿して、乾かす。

9 葉の土台を作る
葉用の台紙を、葉用の布で包む。布は包みやすいように4角をカットする。ワイヤー付きの土台を作る（P25参照）。

10 丸つまみを作る
葉用布でピンセットで布を返さない丸つまみを5つ作る（P29参照）。

11 土台に沿って葺く
三角形の頂点から2、2、1個の順番に葺く。

12 葉のパーツが出来上り
裏から見た状態。

13 ワイヤーを丸める

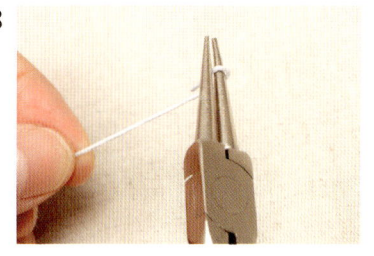

10cm程度にカットした白ワイヤーの先を丸ヤットコで丸める。これがタッセルのフックになる。

14 パーツを合わせる

葉のパーツを根元から3cm、**13**は2.5cmの位置で折る。花のパーツの根元から5mmの位置で添えて、ボンドをつけて貼り合わせる。2本取りの刺繍糸で巻く。

15 糸で巻き合わせる

ワイヤーにボンドをつけながら、4cm程巻き下ろし、巻き終わりは糸をワイヤーの間に通し余分な糸をカット。

16 立ち上がりをつける

3つのパーツを合わせたすぐ下をヤットコで折り、立ち上がりをつける。

17 お箸に飾る位置を決める

お箸に取付けるワイヤー部分以外をカットする。

18 お箸に貼る

強力接着剤で貼り、洗濯バサミで挟んで乾くまで固定する。

19 お箸に巻きつける

完全に乾いたら洗濯バサミを外し、ワイヤーと箸の接着部分に2本取りの刺繍糸を巻く。ワイヤー部分が隠れるように巻いたら、糸端にボンドをつけて巻き目となじませる。

20 タッセル飾りをつける

ワイヤーのフックにタッセル飾りをつけて出来上り。

葉の台紙

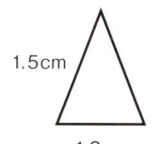

1.5cm
1.2cm

カラフル玉のかんざし

◆ 材料

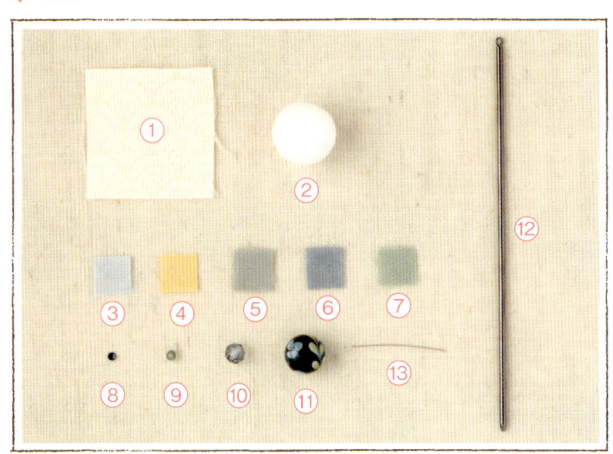

① スチロール球用布5cm角×1枚
② 25mmスチロール球×1個
③～⑦ 布1.5cm角×60枚
（薄い青15枚、渋い黄色8枚、
グレー10枚、渋い青17枚、緑10枚）
⑧ 花芯用ラインストーンSS12×12個
⑨ 先端飾り用4mmビーズ×1個
⑩ 先端飾り用8mmビーズ×1個
⑪ 先端飾り用14mmトンボ玉×1個
⑫ 1本かんざし金具15cm×1個
⑬ Tピン40mm×1本

◆ 作り方

1 土台の準備
かんざし金具に飾りをつける位置を決め、そこに強力接着剤をつける。

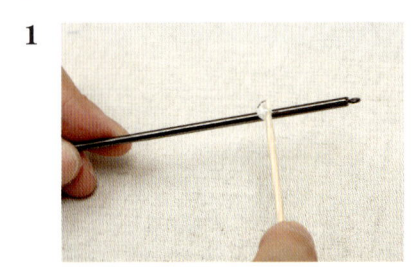

2 スチロール球を刺す
強力接着剤をつけた位置に刺して貼る。

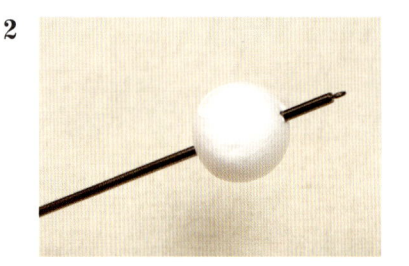

3 土台布の準備
布を三角に半分に折り、さらに半分に折る。折山のところが布の中心となるので、強く折って印をつける。

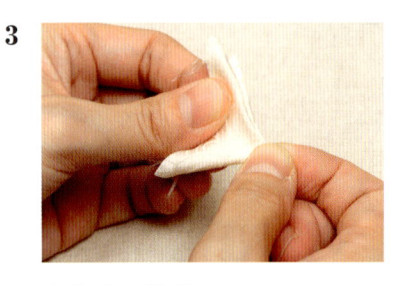

4 目打ちで穴を空ける
布を開いて、中心に穴を開ける。

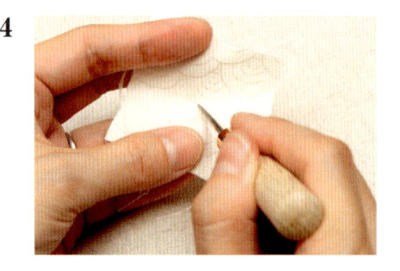

5 ボンドをつける
薄くつくように指でスチロール球にボンドをつける。

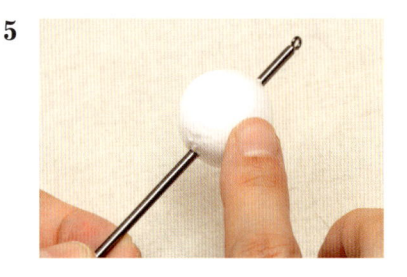

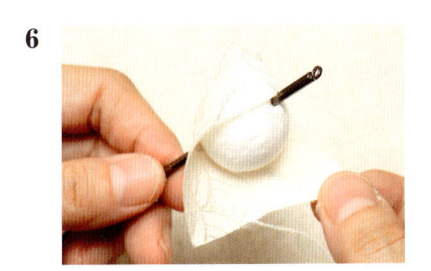

6 土台布で包む
布に開けた穴をかんざし金具に通し、スチロール球を包む。

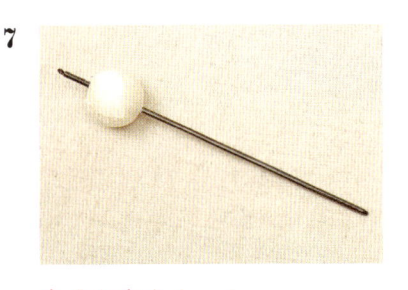

7 余分な布をカット
すべて包んだら、スチロール球に沿わなかった部分の布をカット。

8 丸つまみは端切りする
布すべてを丸つまみし（P29参照）、1/4を端切り（P28参照）する。

9 5個で1つの花をつくる
色はランダムに組み合わせて、かんざし金具に近い位置から1つ目を葺く。

10 1段目を葺く
かんざし金具を中心に3つの花を葺いた状態。これが1段目となる。

11 2段目を葺く
1段目の花びらの間に差し込むように、1個目のつまみを葺く。

12 2段目の1つ目が出来上り
土台の隙間を埋めるように、2段目の1つ目の花が出来た状態。同様にもう2つ花のかたちに葺く。

13 3段目を葺く
土台の下部分を埋めるように、3段目に3つの花を作る。1段目と同じラインに葺く。

14 3段目の1つが完成
同様にもう2つ葺く。

15 4段目を葺き、花芯を飾る
最後の隙間に4段目として3つの花を葺き、花の中央にラインストーンをボンドで貼る。

16 先端飾りを作る
長めのTピンで、4mmビーズ、トンボ玉、8mmビーズの順に通し先端をヤットコで丸める。

17 かんざし金具につける
かんざし金具の先端に飾りをつけて出来上がり。

くす玉のかんざし

◆ 材料

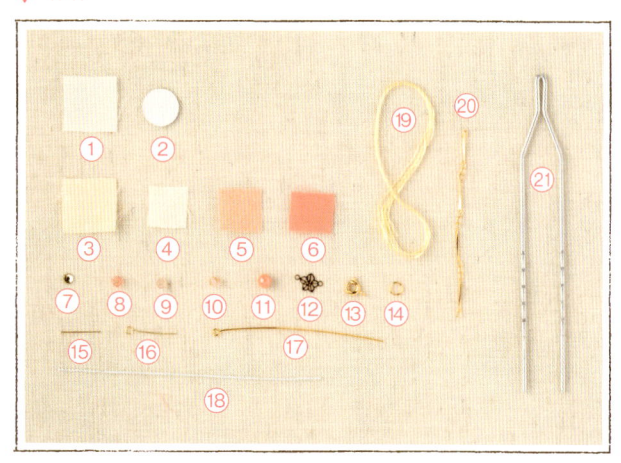

① 台紙用布 2.5cm角 × 11枚
② 台紙 直径1.4cm × 11枚
③ 布2cm角 × 55枚
④〜⑥ 布1.5cm角 × 55枚
（④15枚、⑤20枚、⑥20枚）
⑦ 花芯用ラインストーン SS16 × 11個
⑧〜⑩ 4mmスワロソロバン型ビーズ × 各1個
⑪ 5mmラウンドビーズ × 2個
⑫ コネクトパーツ × 2個
⑬ 引き輪 × 1個
⑭ 丸カン × 3個
⑮ Tピン × 2本
⑯ 9ピン × 4本
⑰ 9ピン（7cm）× 1本
⑱ 24番ワイヤー適量
⑲ 刺繍糸（淡黄）適量
⑳ チェーン適量
㉑ 2本足かんざし金具 11.5cm × 1本

◆ 作り方

1 花のパーツを作る
ワイヤー付きの平丸土台（P25参照）を11個作る。布すべてで丸つまみを作り（P29参照）、P49の土台の葺き方を参考に2段葺く。中央にラインストーンを貼る。

2 11パーツ作る
同様に11個のパーツを作る

3 折り位置を決める
1つのパーツは根元から1cm、その他は1.5cmの位置に印をつける。

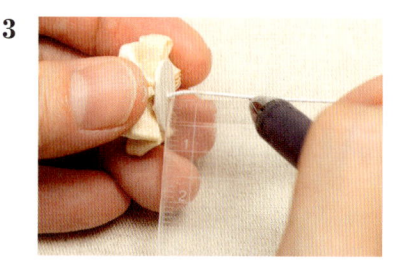

4

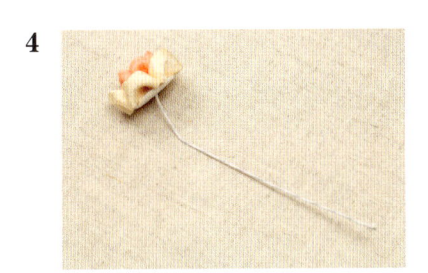

1.5cmの印で折る

1cmの印をつけたパーツ以外はすべて折る。

5

パーツを合わせる

1cmの位置に印をつけたパーツを軸にして1.5cmで折ったパーツを合わせる。

6

5パーツを巻きつける

1本ずつワイヤーにボンドをつけて2本取りにした刺繍糸で巻き、計5パーツを巻く。すべて同じ位置で巻くのがポイント。これが1段目になる。

7

2段目のパーツをつける準備

ワイヤーにボンドをつけながら、刺繍糸を5mmほど巻き下ろす。巻き終わりはワイヤーの間に糸を通す。

8

2段目をつける

1段目のすぐ下にパーツがくるように花の角度を調整しながら、軸のワイヤーと合わせる。

9

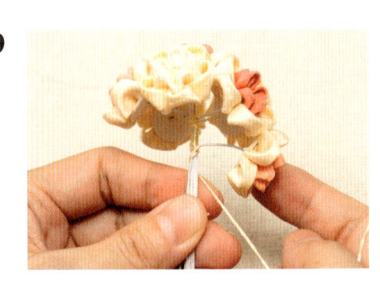

2段目の完成

ワイヤーにボンドをつけて刺繍糸を巻き付ける。1段目と同様に5パーツつける。

10

巻き下ろす

5パーツすべてに刺繍糸を巻きつけたら、5mmほど巻き下ろす。

11

7cmの9ピンを巻く

9ピンは1.5cmの位置で折り、折り目をワイヤーの土台に合わせて巻く。

12

下まで巻き下ろす

3cmほど刺繍糸を巻き下ろし、最後はワイヤーの間に通し、余分な糸をカット。

13

下がり飾りを作る

⑧〜⑪のビーズ、コネクトパーツ、引き輪、9ピン、Tピン、丸カンで2本の飾りを作る。

14

2本足かんざしに取付ける

P41〜（かんざし金具の付け方）を参考に取りつけ、下がり飾りを11の9ピンにつけたら出来上がり。

桔梗の飾りコーム

◆ 材料

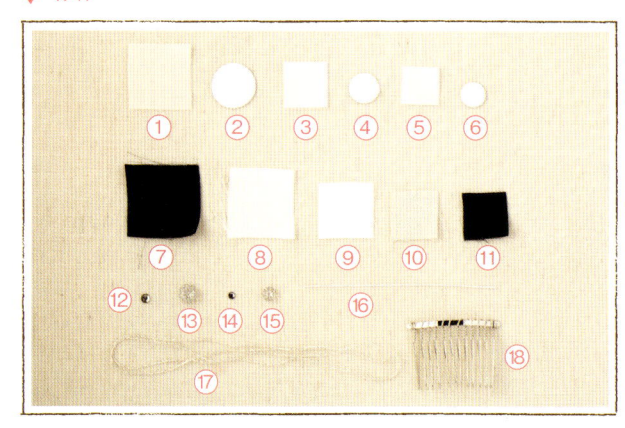

① 変わり2重丸つまみ台紙用布 3.5cm×1枚
② 変わり2重丸つまみ用台紙 直径2.5cm×1枚
③ 白台紙用布 2.5cm×1枚
④ 白用台紙直径 1.6cm×1枚
⑤ グレー&黒台紙用布 2cm角×2枚
⑥ グレー&黒用台紙直径 1.4cm×2枚
⑦ 布変わり2重丸つまみ用 4cm角×5枚
⑧ 布変わり2重丸つまみ用 3.8cm角×5枚
⑨ 布変わり丸つまみ用白 2.5cm角×5枚
⑩ 布変わり丸つまみ用グレー 2cm角×5枚
⑪ 布変わり丸つまみ用黒 2cm角×5枚
⑫ 変わり2重丸つまみ花芯用ラインストーン SS20×1個
⑬ 変わり2重丸つまみ花芯用11mm座金×1個
⑭ 変わり丸つまみ花芯用ラインストーン SS16×3個
⑮ 変わり丸つまみ花芯用8mm座金×3個
⑯ 24番ワイヤー適量
⑰ 刺繍糸(シルバー)適量
⑱ 12本足コーム×1個

◆ 作り方

1 パーツ大を作る
ワイヤー付き平丸土台を作り(P25参照)、布⑦、⑧で変わり2重丸つまみを作り(P51参照)、土台に葺く。中央に座金とラインストーンを貼る。

2 裏から見た状態
つまみは後ろ部分を広げて葺くようにすること。

3 変わり丸つまみでパーツ小を作る
布⑨～⑪で変わり丸つまみを作り(P51参照)、同様に葺く。座金とラインストーンを中央に貼る。

4 根元から2.5cmで折る
パーツ大に折り目をつける。

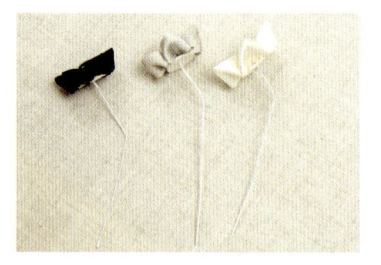

5 パーツ小も折り目をつける
黒は2.5cm、白とグレーは1.7cmの位置で折る。

6
パーツ小2本を合わせる
白とグレーのパーツの折り位置でボンドをつけて合わせ、2本取りにした刺繍糸を巻く。糸の先端にボンドをつけてから2～3重巻き、ワイヤーの間に糸を通して固定する。

7
パーツ大を合わせる
パーツ大にボンドをつけて合わせ、2～3重糸を巻いて、同様にワイヤーの間に通して固定させる。

8
パーツ小黒を合わせる
ワイヤーにボンドをつけて合わせ、パーツ大と同様に糸できつめに巻く。

9
巻き下ろす
ワイヤーにボンドをつけながら、折り目から4cmほど巻き下ろす。最後はワイヤーの間に通してから余分な糸をカット。

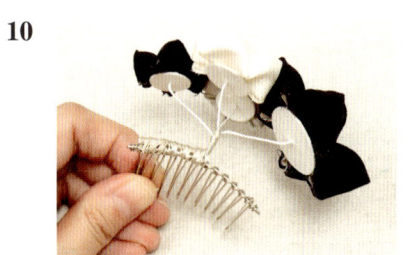

10
コームにつける
P44（コームのつけ方）を参考につけたら、出来上がり。

椿と重ね梅のバッグチャーム

椿のバッグチャーム

◆ 材料

① 台紙用布5cm角×1枚
② 台紙直径4cm×1枚
③ 台紙盛り上げ用 直径2.2cm×4枚
④ 布一番外用3.5cm角×5枚
⑤ 布下から2段目用3.5cm角×5枚
⑥ 布下から3段用3cm角×5枚
⑦ 布下から4段用3cm角×3枚
⑧ 布葉用4cm角×1枚
⑨ 2cm陶玉ビーズ×1個
⑩ 丸カン×2個
⑪ 9ピン×2本
⑫ バッグチャーム金具×1個
⑬ 黄パールペップ適量
⑭ タッセル×1個
⑮ 30番ワイヤー適量

◆ 作り方

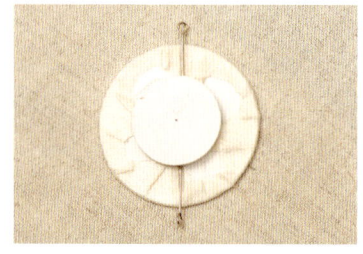

1　重ね平丸土台を作る
上下に9ピンを貼った平丸土台を作り、裏面の中心に盛り上げ用の台紙を4枚貼って、3mm程盛り上げる（P25参照）。

2　丸つまみを作る
葉用の丸つまみのみ1/4端切り（P28、29参照）する。

3　外側から葺く
中心を空けて、5つの丸つまみを葺く。両サイドを広げてつまみの隣同士に隙間が出ないようにし、中央のふくらみをピンセットでつぶす。

4　2段目を葺く
2段目は1段目のつまみ2つの間に配置する。

5　3段目を葺く
3段目も同様に配置する。

6　4段目を葺く
4段目は玉薔薇の葺き方の要領（P57参照）でつまみの両サイドを重ね合わせるように葺く。

7　葉を葺く
葉として作ったつまみは、1段目のつまみの間に差し込むように葺く。

8　ペップ飾りを作る
ペップをひとまとめにし、根元から1cmの所でボンドをつけてからワイヤーを2～3重巻き、ワイヤーのすぐ下でペップをカットする。

9　ペップ飾りを貼る
ボンドをつけて、花の中央に飾って乾かす。これで椿のパーツが完成。

10　タッセル飾りを作る
タッセルの紐に陶玉ビーズを通し、丸カンをつける。

11　タッセルと椿のパーツをつなぐ
つまみの土台についた9ピンとタッセル飾りについた丸カンをつなぐ。

12　バッグチャーム金具をつける
つまみの土台の9ピンとバッグチャームの金具を丸カンでつないで、出来上がり。

重ね梅のバッグチャーム

◆ 材料

① 台紙用布4.5cm×1枚
② 台紙直径3.5cm×1枚
③ 布3重梅外側用4cm角×5枚
④ 布3種梅中側用3cm角×5枚
⑤ 布3種梅内側用2.5cm角×5枚
⑥ 台紙用布2.5cm×1枚
⑦ 台紙直径1.6cm×1枚
⑧ 布ミニ梅用2cm角×3枚
⑨ 布ミニ梅用2cm角×2枚
⑩ 蝶の透かしパーツ×1個
⑪ バッグチャーム金具×1個
⑫ 3重梅花芯用8mmパール×1個
⑬ 3重梅花芯用3mmパール×10個
⑭ ミニ梅花芯用5mmパール×1個
⑮ 下がり用6mmパール×5個
⑯ 9ピン×7本
⑰ Tピン×1個
⑱ 丸カン×2個
⑲ チェーン4cm×1本
テグス適量

◆ 作り方

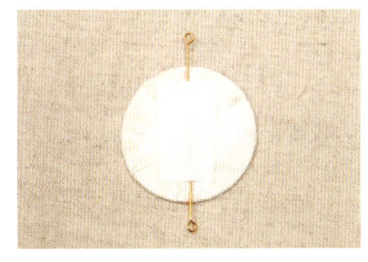

1 平丸土台を作る
①と②で9ピン付きの平丸土台を作る(P25参照)。

2 丸つまみを作る
③～⑤の布で丸つまみを作る(P29参照)。

3 1段目を葺く
中央が1cmほど空くように外側から葺く。両サイドを広げて隣のつまみと隙間が空かないようにすること。

4 中をつぶす
つまみの中が平らになるようにピンセットでつぶす。

5 2段目を葺く
1段目と先端を合わせて、1段目のつまみの中に配置する。

6 3段目を葺く
2段目と同様に、中に配置する。

7 パール飾りを貼る
3mmパールをテグスに通し、飾りを作ったら8mmパールと一緒に中央にボンドで貼って乾かす(P34～参照)。

8 下がり用のパーツを作る
⑥と⑦で9ピン1本付きの平丸土台を作る(P25参照)。⑧、⑨の布で作った丸つまみ5個(P29参照)を葺き、5mmパールを中央に貼って乾かす。

9

下がり飾りを作る

下がり用6mmパールはTピンと9ピンを通して丸めてからつなぎ1本にしておく。

10

梅のパーツとつなぐ

3種梅の土台についた9ピンとパール飾り、チェーンをつなぐ。チェーンには、蝶々のパーツと8で作った梅パーツをつなぐ。

11

バッグチャーム金具をつける

丸カンで重ね梅のパーツとバッグチャーム金具をつないだら、出来上がり。

♛ 松竹梅のコーム

◆ 材料

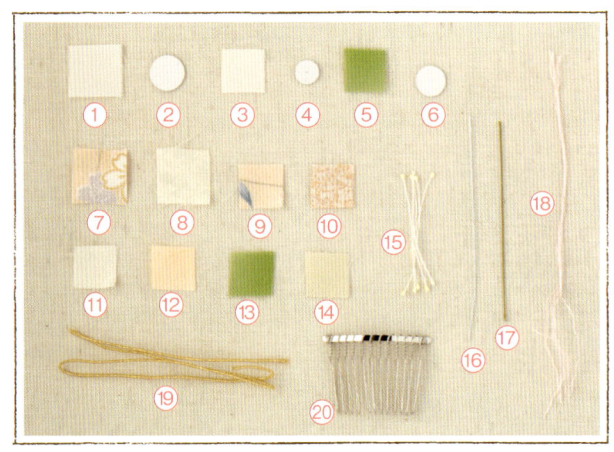

① 梅大サイズ台紙用布2.5cm角×2枚
② 梅大サイズ台紙直径1.6cm×2枚
③ 梅小サイズ台紙用布1.7cm用×4枚
④ 梅小サイズ台紙直径1.2cm×4枚
⑤ 松台紙用布2cm角×3枚
⑥ 松台紙直径1.4cm×3枚
⑦ 布梅大サイズ用2.5cm角×5枚
⑧ 布梅大サイズ用2.5cm角×5枚
⑨ 布梅小サイズ用2cm角×5枚
⑩ 布梅小サイズ用2cm角×5枚
⑪ 布梅小サイズ用2cm角×5枚
⑫ 布梅小サイズ用2cm角×5枚
⑬ 布松用2cm角×21枚
⑭ 布竹用2cm角×9枚
⑮ 黄色ペップ適量
⑯ 24番ワイヤー白適量
⑰ 24番ワイヤー緑適量
⑱ 刺繍糸(ピンク)適量
⑲ 金地巻きワイヤー適量
⑳ 12本足コーム×1個

♦ 作り方

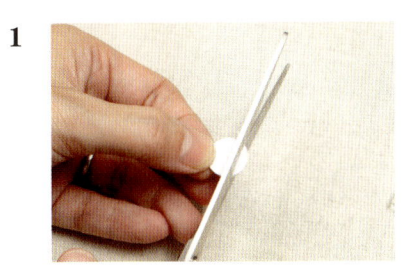

1 松の台紙をカットする
端から1/3をカットする。

2 カットした状態
これを布で包んで土台を作る。

3 布を置く
台紙にボンドをつけて、4角をカットした布⑤の中央に貼ってくるむ。

4 ワイヤーを通す
台紙の中心に目打ちで穴を空け、ワイヤー付き平丸土台の要領でワイヤーを通す。ワイヤーの上に紙を貼る。(P25参照)

5 松のパーツをつくる
松用の布で剣つまみを21個作り（P32参照）、1つの土台に対して7個ずつ葺く。

6 扇状に葺く
土台の直線ラインにつまみの先端を揃えて葺く。

7 ワイヤー飾りを貼る
丸ヤットコで丸めた金地巻きワイヤーをつまみの先端にボンドで貼る。このパーツを計3つ作る。

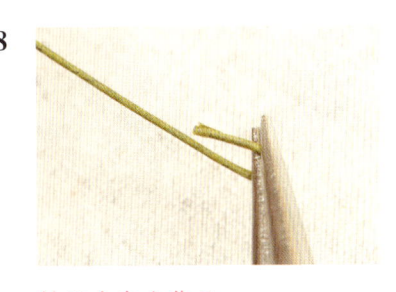

8 竹の土台を作る
10cmにカットしたワイヤー緑の先端をヤットコで丸める。

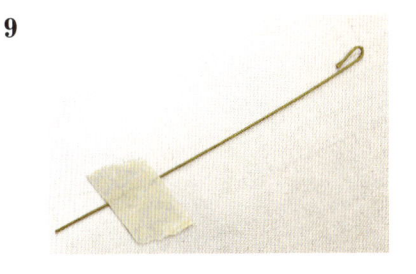

9 ワイヤーを固定する
プラスチック板または、クリアファイルの上にマスキングテープで固定する。

10 竹のパーツを作る
竹用の布で先を尖らせた変わり丸つまみ9個を作り（P51参照）、ワイヤーを丸めた輪の中心に葺く。

11 両サイドに2つ葺く
10の隣に先端を揃えて葺く。このパーツを計3つ作る。

12 梅のパーツ大小を作る
①～④でワイヤー付き平丸土台を作り（P25参照）、梅用布で作った丸つまみ（P29参照）を5つずつ葺いて梅のかたちにする。

13 裏から見た状態
後ろが開き、隙間ができないように葺くこと。

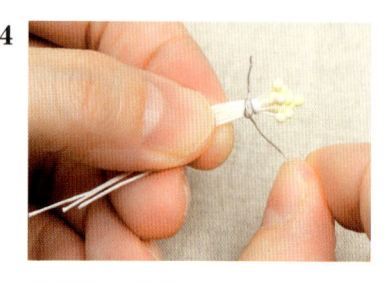

14 花芯飾りを作る
ペップを14本と12本でひとまとめにし、ワイヤー部分にボンドをつける。14本のペップは根元から1cm、12本のペップは0.8cmの位置でワイヤーを巻きつける。

15 ペップを広げる
3重ほどワイヤーを巻いたら余分をカットし、指でペップを広げる。

16 2サイズ作る
ペップの量とワイヤーを巻く位置でサイズの違う飾りが出来る。

17 中央にボンドで貼る
梅パーツ大の中央にボンドで貼る。パーツの大きさに合わせてペップ飾りもサイズを変える。

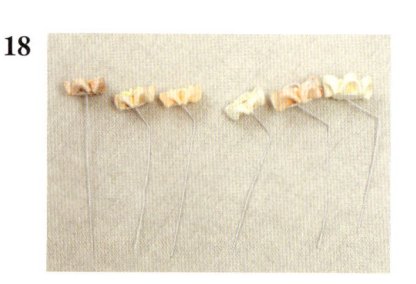

18 ワイヤーを折る
梅パーツ小の1本は根元から1.8cmの所に印をつけて軸とする。残りの内2つは1.5cmの所で折り、もう1つとパーツ大は2cmの所で折る。

19 梅パーツ大から合わせる
パーツ大の折り目にボンドをつけてから軸にしたパーツと合わせて、2本取りの刺繍糸で巻き合わせる。

20 3パーツを巻き合わせる
梅パーツ大2つ、小1つ（2cmのところで折ったもの）を1つずつ同じ位置で巻き合わせていく。

21 3パーツがついた状態
巻き終わりはワイヤーの間に糸を通して固定させる。

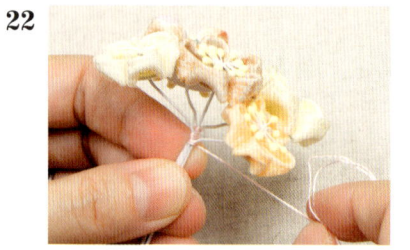

22 梅パーツ小を合わせる
最初につけたパーツよりも少し下に位置をずらし、1.5cmの所で折った残りの2つを巻き合わせる。

23 梅パーツが合わさった状態
すべてつけたら、2〜3mm巻き下ろして、ワイヤーの間に糸を通す。

24 竹のパーツを折る
竹のパーツの糊が完全に乾いたらマスキングテープから外し、つまみを葺いたすぐ根元を直角に折る。

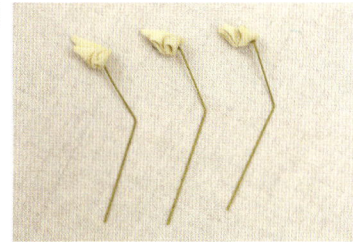

25 さらに折る
折った根元から2.5cm下の位置でさらに少しだけ折る。

26 1つずつ巻き合わせる
3つの竹のパーツが隣同士にくるように1つずつ、2本取りの刺繍糸で巻き合わせる。

27 上から見た状態
巻き終わりはワイヤーの間に糸を通して固定させる。

28 松のパーツをつける
土台の根元から3cmのところで折り、1つずつ計3つを糸で巻き合わせる。さらに、4cm程度巻き下ろす。

29 上から見た状態
巻き終わりは同様にワイヤーに糸を通して固定させ、余分な糸をカット。

30 コーム金具につける
コームのつけ方（P44）を参考につけたら、出来上がり。

ひまわりのクリップピンと飾りゴム

ひまわりのクリップピン

◆ 材料

① 台紙用布 5.5cm角×1枚
② 台紙直径4cm×1枚
③ 台紙盛り上げ用直径2cm×5枚
④ 布3cm角×12枚
⑤ 花芯用布4.5cm角×1枚
⑥ 花芯用35mmスチロール球×1個
⑦ 造花用リーフ×3枚
⑧ ヘアクリップ×1個
⑨ フェルト(茶)直径4cm×1枚

◆ 作り方

1

重ね平丸土台を作る
平丸土台の中心に盛り上げ用の台紙を5枚重ねて貼って、4mm程度盛り上げる(P25参照)。

2

変わり丸つまみを葺く
変わり丸つまみの作り方(P51)を参考に作り、土台に葺く。

3

花芯を作る
スチロール球を1/4の厚みにカットし、4角をカットした花芯用布で包む。スチロール球全体にボンドを薄くつけて、布で包むように貼る。

4

土台の中心に貼る
裏にボンドをつけて、土台に貼って乾かす。これでひまわりのパーツの完成。

5

ワイヤーを切る
造花用リーフのワイヤーを、根元を2〜3cm残してカット。

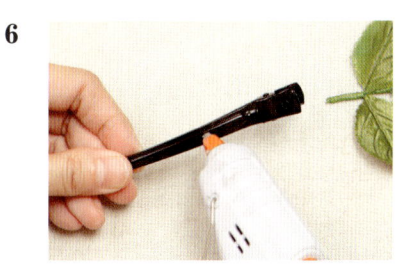

6

接着剤をつける
強力接着剤またはグルーガンでグルーをヘアクリップにつける。

7

葉のパーツを貼る
造花用リーフのワイヤー部分をクリップに貼る。

8

ひまわりパーツを貼る
造花用リーフの葉の根元付近に強力接着剤またはグルーガンでグルーをつけて、ひまわりパーツを貼る。

9

パーツを補強する
土台と同じサイズのフェルトをクリップを挟むように土台裏にボンドで貼って、出来上がり。

◆ 材料

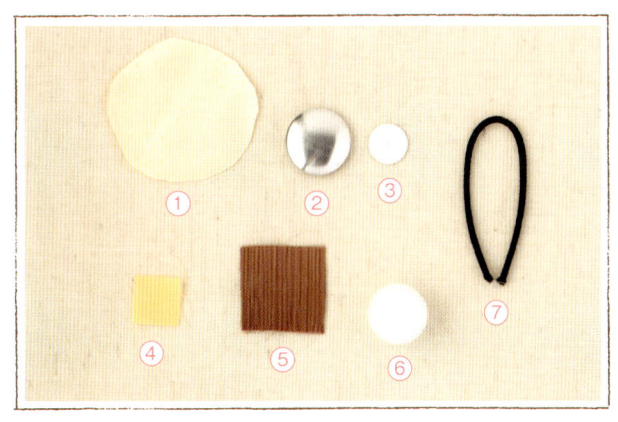

ひまわりの飾りゴム

①くるみボタン用布直径5.3cm×1枚
②くるみボタン2.7cm×1個
③台紙盛り上げ用直径1.6cm×2枚
④布2cm角×12枚
⑤花芯用布3.5cm角×1枚
⑥花芯用25mmスチロール球×1個
⑦ヘアゴム適量

◆ 作り方

1

土台を作る
くるみボタンを布で包み、表面に盛り上げ用の台紙2枚を重ねて貼って、1.5mm程度盛り上げる。

2

ひまわりパーツを作る
クリップピン(P96参照)と同様の手順でひまわりパーツを作って乾かす。

3

ゴムを通す
くるみボタンの裏のフックにヘアゴムを通し、かた結びしたら出来上がり。

マーガレットのカチューシャ

◆ 材料

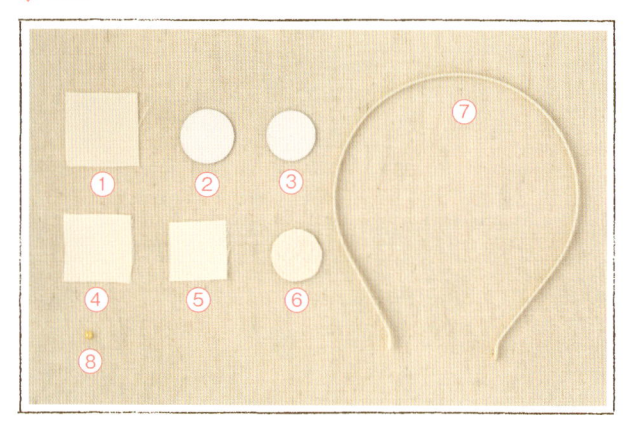

① 台紙用布 3.5cm角×3枚
② 大サイズ花用台紙 直径2.8cm×1枚
③ 小サイズ花用台紙 直径2.5cm×2枚
④ 布大サイズ花用 3.5cm角×8枚
⑤ 布小サイズ花用 3cm角×16枚
⑥ フエルト(白) 直径2.8cm×1枚、2.5cm×2枚
⑦ カチューシャ×1個
⑧ 4mmパール×21個
　テグス適量

◆ 作り方

1 飾りパーツを作る

大小2つのサイズの平丸土台を作り(P24参照)、丸つまみは1/4端切りする(P28、29参照)。土台に丸つまみを8個ずつふく。テグスを通したパール飾り(P34～参照)を花の中心にボンドで貼って乾かす。

2 カチューシャに貼る

1の土台に強力接着剤またはグルーガンでグルーをつけて、カチューシャに貼る。

3 パーツを補強する

フェルトにボンドを薄くつける。

4 フェルトを貼る

カチューシャを挟みながら土台裏にフェルトを貼って補強する。

5 補強した状態

マーガレットの花のパーツをすべて貼り、土台の裏にフェルトで補強し、出来上がり。

3色の小花のイヤホンジャック

◆ 材料

① スチロール球用布3.7cm角×1枚
② 25mmスチロール球×1個
③ 25mm平たい座金×1個
④ 布1.3cm角×6枚
⑤ 布1.3cm角×6枚
⑥ 布1.3cm角×6枚
⑦ 花芯用ラインストーン
　SS12×3個
⑧ 6mmビーズ×2個
⑨ 10mm転写ビーズ×1個
⑩ 9ピン×3本
⑪ イヤホンジャック金具×1個

◆ 作り方

1

半球土台の上に丸つまみを葺く

スチロール球の1/4をカットし残りを、布で包み半球土台を作る（P26参照）。丸つまみ（P29参照）で3つの花を葺き、空いたスペースに3つ丸つまみを葺く。花の中央にラインストーンを貼って乾かす。

2

土台の裏面に注目

土台は裏面が平らになるように布を包むこと。

3

台座に飾りを貼る

座金と土台に強力接着剤をつけて貼る。

4

ビーズ飾りをつける

ビーズは9ピンを通し、先端を丸め、台座の模様部分とイヤホンジャック金具をつなぎ合わせたら、出来上がり。

枝垂れ桜のコサージュ

◆ 材料

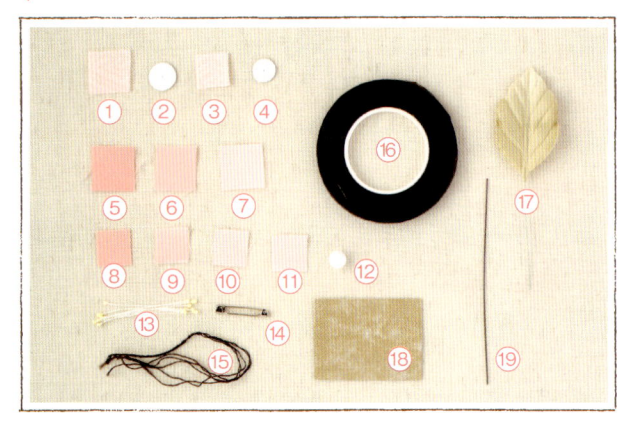

① 大サイズ台紙用布 2.5cm 角×6枚
② 大サイズ用台紙直径 1.6cm×6枚
③ 小サイズ台紙用布 2cm 角×4枚
④ 小サイズ用台紙直径 1.4cm×4枚
⑤ 布大サイズ用 2.5cm 角×10枚
⑥ 布大サイズ用 2.5cm 角×5枚
⑦ 布大サイズ用 2.5cm 角×15枚
⑧ 布小サイズ用 2cm 角×5枚
⑨ 布小サイズ用 2cm 角×5枚
⑩ 布小サイズ用 2cm 角×10枚
⑪ 布つぼみくるみ用 2cm×3枚
⑫ つぼみ用 10mm スチロール球×3個
⑬ 黄色ペップ適量
⑭ コサージュピン×1個
⑮ 刺繍糸（茶色）適量
⑯ フローラルテープ適量
⑰ 造花用リーフ×3枚
⑱ 緑の和紙適量
⑲ 24番ワイヤー（茶）適量

がくの型紙

◆ 作り方

1 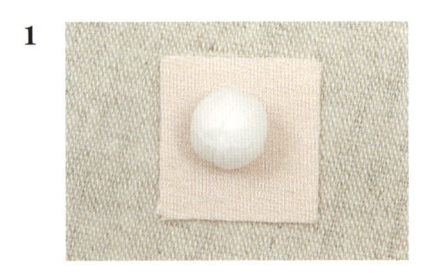
つぼみを作る
⑪と⑫で全球土台を作る要領でスチロール球を包む。(P27参照)

2 がくの部分を作る
和紙を星形にカット。これがつぼみのがくの部分になる。

3 がくを貼る
スチロール球を包んだ布のつつみ目を下にして、がくと貼り合わせる。

4 つぼみをがくで包む
星形のがくに薄くボンドをつけて、つぼみを包むように貼る。

5 目打ちで穴を空ける
がくの中心に2〜3mmほど穴を空ける。

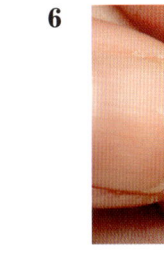

6 ワイヤーを差し込む
10cmにカットしたワイヤーの先端にボンドをつけて、穴に差し込む。

7 つぼみパーツの出来上がり
3つのつぼみパーツを作っておく。

8 桜パーツ大小を作る
①〜④で作ったワイヤー付きの平丸土台（P25参照）に、⑤〜⑩の布で作った桜型丸つまみ（P48参照）を5つずつ葺く。ペップの花芯飾り（P50参照）を中心に貼る。

9 造花用リーフを用意する
ワイヤーのついた造花用リーフを3本用意しておく。

10 つぼみパーツを合わせる
根元から1.2cmの所で折ったつぼみパーツを、もう一方のつぼみの根元から2cmの位置で合わせて、ボンドをつけてから2本取りの刺繍糸で巻く。

11 桜のパーツを合わせる
つぼみを合わせたほぼ同位置で、根元から5mmのところでゆるく折った桜パーツ小を糸で巻き合わせ、1.5cm程巻き下ろす。

12 つぼみパーツを合わせる
根元から1.2cmの位置でゆるく折ったつぼみパーツを巻き合わせる。1cm程巻き下ろす。

13 桜パーツを合わせる
根元から1cmの所で折った桜パーツ大小を1つずつ巻き合わせる。

14 下まで糸を巻く
ボンドをつけながら、8cm程糸を巻き下ろす。

15 枝垂れ部分のパーツが出来上がり
巻き下ろした後はワイヤーの間に糸を通し、余分をカット。

16 ワイヤーを折る
パーツ小1本だけ折らずに残し、それ以外は根元から2.5cmの所でゆるく折る。

17 1本ずつ巻き合わせる
折らずに残したパーツの根元から2cmの位置で1本ずつ巻き合わせる。

18 同じ位置で合わせる
パーツすべて同じ位置で1本ずつ巻き、円を描くように合わせる。

19 7パーツ合わせる
すべて合わせた状態がこちら。まだ糸は切らずにそのまま。

20 葉パーツを巻き合わせる
1本ずつ葉の根元を同じ位置で巻き合わせる。

21 葉のパーツを巻き終えた状態
葉が重ならずに広がるように配置する。

22 糸を下まで巻き下ろす
5〜6cmほど巻き下し、余分な糸をカット。

23 立ち上がりをつける
桜と葉のパーツを巻き合わせた部分から5mm下の位置でヤットコで直角に折る。

24 パーツ同士を合わせる
花やつぼみが重ならないように、2つのパーツを合わせる。

25 糸で巻き合わせる
パーツが重なる部分をそれぞれボンドで貼り合わせてから、2本取りの刺繍糸できつく巻く。巻き終わりは糸端にボンドをつけて、巻き目に貼る。

26 コサージュピンを貼る
強力接着剤でパーツ同士を合わせた部分にコサージュピンを貼る。

27 フローラルテープを巻く
コサージュピンとパーツのワイヤーをフローラルテープで巻き合わせる。

28 ワイヤーをカット
余分なワイヤーをカットしたら出来上がり。

いろいろモチーフのピアスとイヤリング

赤菊のピアス

◆ 材料

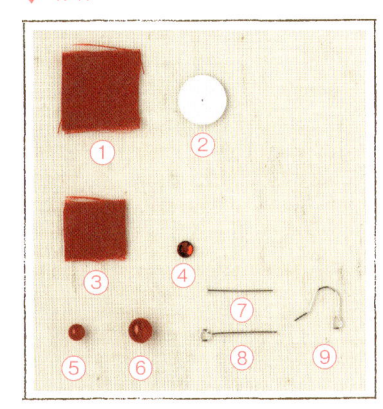

① 台紙用布2cm角×2枚
② 台紙直径1cm×2枚
③ 布1.5cm角×16枚
④ ラインストーンSS16×2個
⑤ 4mmサンゴビーズ×2個
⑥ 6mmサンゴビーズ×2個
⑦ Tピン×2本
⑧ 9ピン×6本
⑨ ピアス金具×2個

◆ 作り方

1 9ピン付きの平丸土台に葺く

剣つまみを8つ作り（P32参照）、9ピン2個付きの平丸土台（P25参照）に葺く。中央にラインストーンを貼って乾かす。

2 パーツをつなげる

6mmビーズはTピン、4mmビーズは9ピンを通し、それぞれ先端を丸めて、つまみのパーツとピアス金具をつないで出来上がり。

黒梅のピアス

◆ 材料

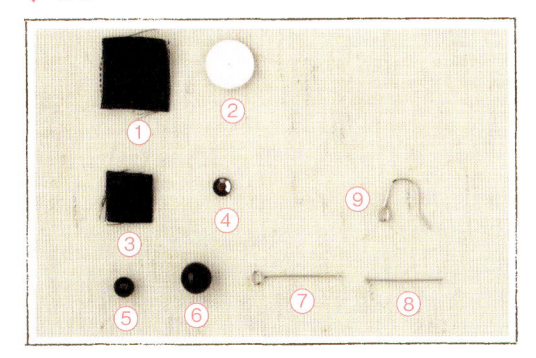

① 台紙用布2cm角×2枚
② 台紙直径1cm×2枚
③ 布1cm角×10枚
④ ラインストーンSS12×2個
⑤ 4mmオニキス×2個
⑥ 6mmオニキス×2個
⑦ Tピン×2本
⑧ 9ピン×6本
⑨ ピアス金具×2個

1 9ピン付き土台に葺く

丸つまみ5個を梅の形になるように9ピン2個付きの平丸土台の上に5つ葺く（P25、29参照）。中央にラインストーンを貼って乾かす。

2 パーツをつなげる

赤菊のピアスと同じ要領で、6mmオニキスにTピン、4mmオニキスに9ピンを通し先端を丸めてつなぎ、つまみの土台とピアス金具をつないで出来上がり。

◆ 材料

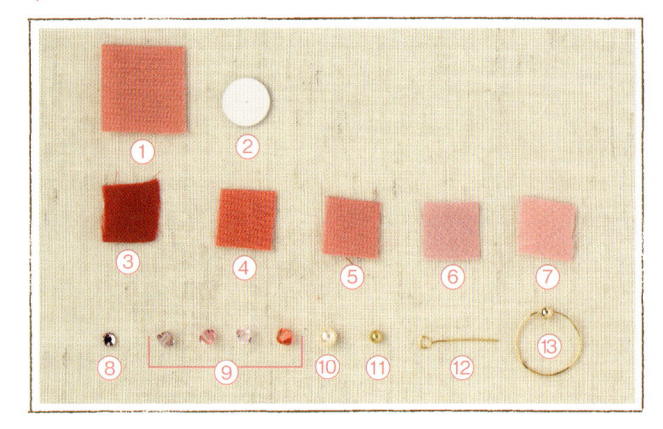

赤梅のイヤリング

① 台紙用布1.7cm角×2枚
② 台紙直径1cm×2枚
③ 布1.3cm角×2枚
④ 布1.3cm角×2枚
⑤ 布1.3cm角×2枚
⑥ 布1.3cm角×2枚
⑦ 布1.3cm角×2枚
⑧ ラインストーンSS12×2個
⑨ 4mmスワロソロバン型ビーズ×各色2個
⑩ 4mmパール×4個
⑪ フープイヤリングの片玉×2個
⑫ 9ピン×2本
⑬ フープイヤリング金具×2個

◆ 作り方

1　9ピン付き土台に葺く
9ピン1個付きの平丸土台を作り（P25参照）、丸つまみ（P29参照）5つを葺く。中央にラインストーンを貼って乾かす。

2　イヤリング金具にビーズを通す
スワロソロバン型ビーズとパールを通す。

3　金具の片玉を取付ける
玉のついていないフープの先端に強力接着剤をつけて、片玉をはめて貼りつける。

4　つまみ飾りを合わせる
6個のビーズを通した間の部分に、つまみの飾りの土台についた9ピンでつないで出来上がり。

◆ 材料

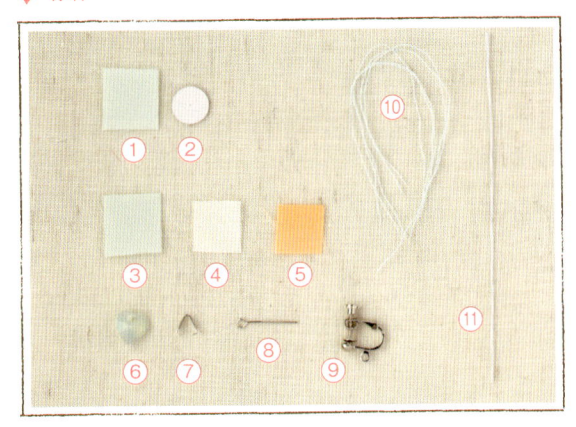

蝶々のイヤリング

① 台紙用布1.7cm角×2枚
② 台紙直径1.2cm×2枚
③ 布1.5cm角×2枚
④ 布1.3cm角×2枚
⑤ 布1.3cm角×2枚
⑥ ハート型ビーズ×2個
⑦ Aカン×2個
⑧ 9ピン×4本
⑨ イヤリング金具×2個
⑩ 刺繍糸(水色ラメ)適量
⑪ 26番ワイヤー適量

◆ 作り方

1 平丸土台を作る
9ピン付きの平丸土台を作り、ピンの上に紙を貼って固定する(P25参照)。

2 左右対称の剣つまみを作る
布③と④で剣つまみを作る(P32参照)。最後の折りを左右対称にする。残りの布で丸つまみを作る(P29参照)。

3 土台に葺く
大きいサイズのつまみから順に左右対称になるように葺いて乾かす。左右の間は少し空けること。

4 蝶々のパーツを作る
⑪に⑩を巻いて、地巻きワイヤーを作る(P28参照)。丸ヤットコに地巻きワイヤーを5重に巻いて胴体を作る。余分はカットする。

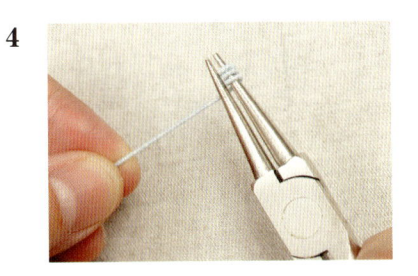

5 3つのパーツを作る
2.5cmにカットした地巻きワイヤー2本を丸ヤットコで先端を丸め、触角を作る。

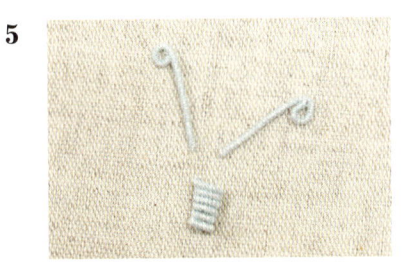

6 3つを合わせる
触角のパーツにボンドを多めにつけて、胴体の中に入れて貼りつける。

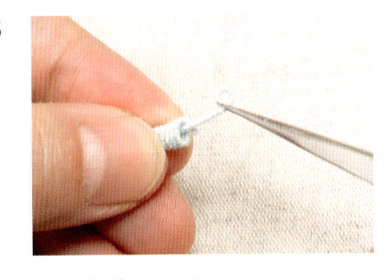

7 パーツを土台に貼る
中心にパーツをボンドで貼る。

8 金具とビーズをつける
Aカンでビーズと土台をつないでから、土台の9ピンとピアス金具についたカンをつないで出来上がり。

105

大輪菊のクリップ

♦ 材料

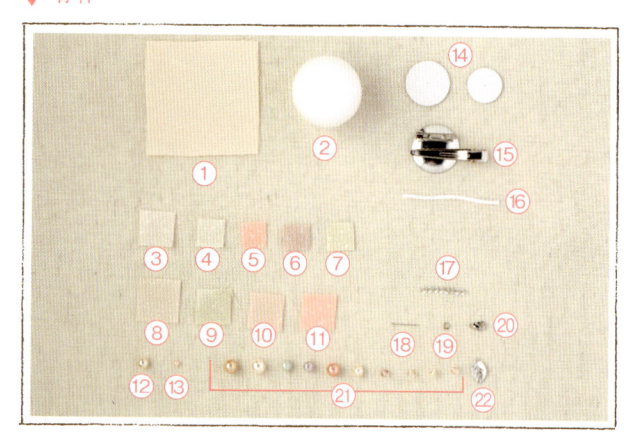

① スチロール球用布 6.5cm角×1枚
② 40mmスチロール球×1個
③ 布ベージュ2cm角×24枚
④ 布ベージュ1.5cm角×4枚
⑤ 布ピンク1.5cm角×3枚
⑥ 布薄紫1.5cm角×3枚
⑦ 布薄緑1.5cm角×2枚
⑧ 布ベージュ2.5cm角×36枚
⑨ 布薄緑2cm角×8枚
⑩ 布薄紫2cm角×8枚
⑪ 布ピンク2cm角×8枚
⑫ 花芯用6mmパール×1個
⑬ 花芯用3mmパール×8個
⑭ 台紙2wayクリップを埋める用 直径2.7cm、2cm×各1枚
⑮ 2wayクリップ金具直径2.8cm×1個
⑯ リリアン(または唐打ち紐)4cm×1本
⑰ チェーン3cm×1本
⑱ Tピン×10本
⑲ 丸カン×2個
⑳ カニカン×1個
㉑ 下がり用ビーズ ×8mmパール3個、6mmパール2個、6mmチェコラウンドビーズ1個、5mmスワロソロバン型ビーズ4個
㉒ 葉パーツ×1個
テグス適量

♦ 作り方

1

半球土台を作る
スチロール球を半分よりも5mm程上でカットし、半球土台を作る(P26参照)。2wayクリップ金具はP47(クリップ土台の作り方)を参考に台紙で埋め、リリアンで下がり飾り用のフックをつける。

2

2重剣つまみを作る
1段目用に③の12枚と④〜⑦で2重剣つまみ小、2〜4段目用に⑧と⑨〜⑪、③の12枚で2重剣つまみ大を合計36個作る(P45参照)。

3

土台に葺く
半球土台をクリップ土台に貼り、つまみを葺く。葺き方はP82(1本箸のかんざし)を参考にする。中心にパールの飾り(P34〜参照)を貼って乾かす。

4

金具と土台の貼り位置を確認
表から見た時に、裏のクリップが隠れるように、土台の中心から少しずらして貼ること。

5

下がり飾りを作る

ビーズに9ピン、葉モチーフには丸カンを通してチェーンとつなぐ。チェーンとカニカンは丸カンでつなぐ。

6

下がり飾りをつける

土台のリリアンのフックに下がり飾りのカニカンをつけて出来上がり。

♛ 七五三の髪飾り

◆ 材料

① 台紙用布2.5cm角×1枚
② 台紙直径1.8cm×1枚
③ 台紙用布2cm角×8枚
④ 台紙直径1.6cm×7枚、1.2cm×1枚
⑤ 布2重丸つまみ梅用3cm角×5枚
⑥ 布2重丸つまみ梅用2.8cm角×5枚
⑦ 布2重丸つまみ梅用2.5cm角×10枚、丸つまみ梅用5枚
⑧ 布2重丸つまみ梅用2.3cm角×10枚
⑨ 布丸つまみ梅用2.5cm角×10枚
⑩ 布丸つまみ梅用2cm角×5枚、藤下がり用6枚
⑪ 布蝶2重丸つまみ用2.5cm角×4枚
⑫ 布蝶2重丸つまみ用2.3cm角×4枚
⑬ 布蝶丸つまみ用2cm角×4枚
⑭ 布藤下がり用2cm角×12枚
⑮ 布藤下がり用2cm角×9枚
⑯ 30番ワイヤー適量
⑰ 黄パールペップ適量
⑱ 下がり先端用6mmパール×3個
⑲ Tピン×3本
⑳ リリアン(または唐うち紐)11cm×3本
㉑ 24番ワイヤー適量
㉒ 金地巻きワイヤー適量
㉓ 刺繍糸(ピンク)適量
㉔ パッチンかんざし金具×2個
㉕ 10枚銀ビラ×1個

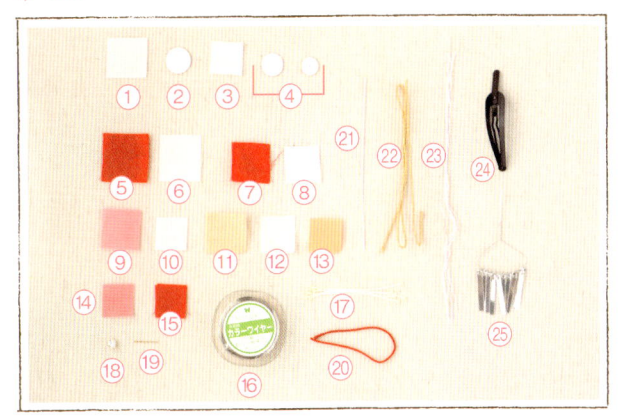

◆ 作り方

1

銀ビラ付きパッチピンの梅のパーツを作る

ワイヤー付き平丸土台に、丸つまみと二重丸つまみで梅のパーツを作る(P25、29、37参照)。中央にペップ飾り(P94参照)を貼る。

2 蝶々のパーツを作る
P105（蝶々のイヤリング）を参考に、ワイヤー付き平丸土台（P25参照）の上に2重丸つまみと丸つまみ、地巻きワイヤーで蝶々のパーツを作る。

3 ワイヤーを折る
梅のパーツは根元から2cmの所で折る。

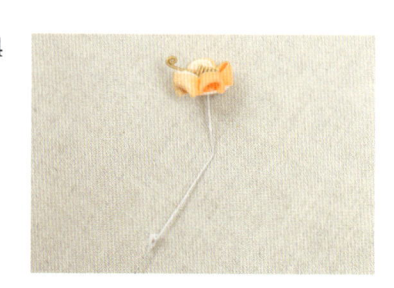

4 ワイヤーを折る
蝶々のパーツは根元から2.3cmの所で折る。

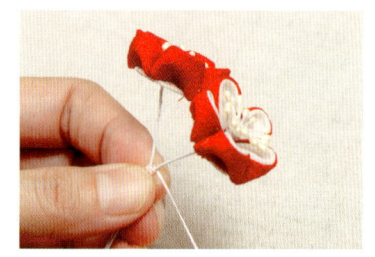

5 パーツを巻き合わせる
2重丸つまみと丸つまみの梅のパーツ2つを折り目にボンドをつけて、2本取りした刺繍糸で巻き合わせる。

6 もう1つも巻き合わせる
丸つまみの梅のパーツもボンドをつけて合わせてから、糸で巻く。

7 蝶々のパーツを合わせる
梅のパーツを合わせた位置で蝶々のパーツも同様に糸で巻き合わせる。

8 4つのパーツが合わさる
蝶々のパーツを巻き付けたら、2mmほど下まで巻く。糸はそのまま。

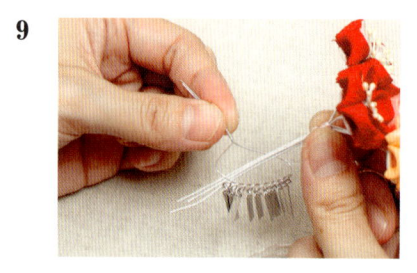

9 銀ビラの間に通す
銀ビラにパーツのワイヤーを通す。

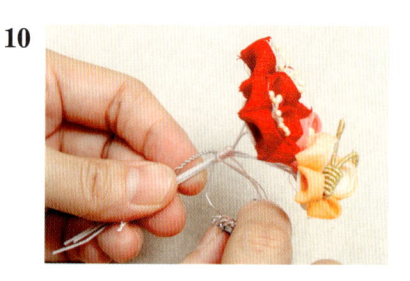

10 銀ビラのワイヤーを折る
銀ビラのワイヤーを、花と蝶々のパーツを巻き合わせた部分に沿わせてから折る。

11 一緒に巻き合わせる
ワイヤー同士にボンドをつけながら、銀ビラのワイヤーも一緒に巻く。3〜4cmほど巻き下ろしたら、ワイヤーの間に糸を通して余分をカット。

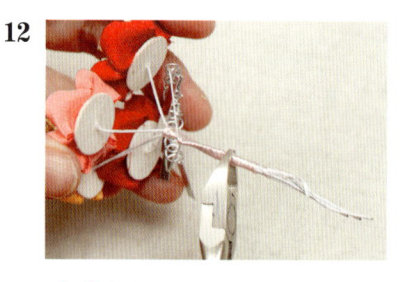

12 余分をカット
パッチンピンの金具の部分からはみ出ない程度にワイヤーをカットしておく。

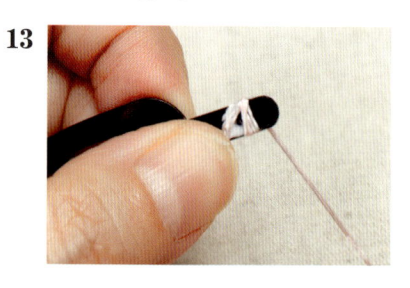

13 糸を巻く
パッチンピンの金具にボンドをつけて2本取りの刺繍糸を2、3回巻く。

14 パーツを合わせる
11を金具に沿わせて、ワイヤーの上にも薄くボンドをつけながら一緒に巻く。

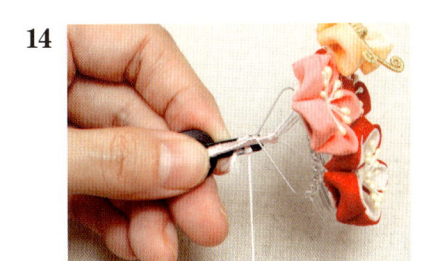

15 パーツがついた状態
しっかりと巻きつけたら、余分な糸をカットして銀ビラ付きパッチンピンが完成。

16 梅のパーツを作る
下がり飾り付きパッチンピンを作る。丸つまみ、2重丸つまみそれぞれ2つずつパーツを用意する。

17 蝶々のパーツを作る
銀ビラ付きパッチンピンと同じ蝶々のパーツを作る。

18 下がり飾りを作る
P42を参考に、返しの工程を入れない丸つまみをリリアンの上に葺く。6mmパールにTピンを通して丸め、先端に飾る。

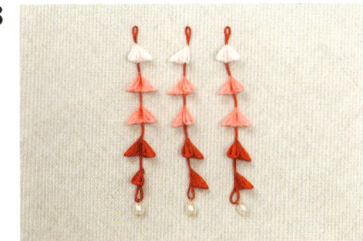

19 下がり飾り用フックを作る
10cmにカットしたワイヤーの先を丸め、フックを3本作る。

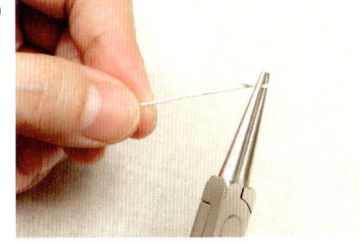

20 パーツを巻き合わせる
銀ビラ付きパッチンピンと同様に1つずつパーツを巻き合わせる。ワイヤーの折り位置は梅パーツが根元から2.5cm、蝶々は3cmにする。

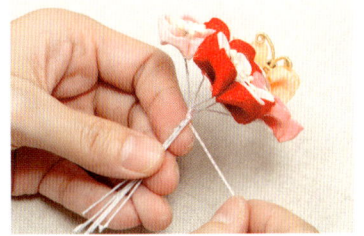

21 下がり飾りフックの長さを決める
梅のパーツの花びらのフチにフックが来るように位置を確認する。

22 ワイヤーを折る
21で確認した位置に合わせてワイヤーを折る。

23 フック用ワイヤーを合わせる
フック用ワイヤーを1本ずつ巻き合わせる。3～4cm巻き下ろしたらワイヤーの間に糸を通して余分をカット。

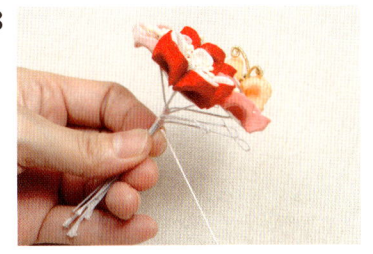

24 ピンの金具と巻き合わせる
余分なワイヤーをカットしてから、銀ビラ付きパッチンピンと同様の手順でパッチンピン金具に巻き合わせる。

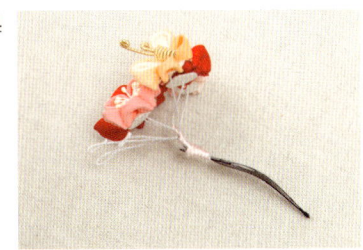

25 下がり飾りをつける
ワイヤーのフックに下がり飾りを通す。2つのパーツそれぞれヤットコでかんざしの根元を45度の角度に起こして出来上がり（P42参照）。

大輪薔薇のかんざし

♦ 材料

① 台紙用布 4.5cm角×1枚
② 台紙用布 4.5cm角×1枚
③ 台紙用布 4.5cm角×1枚
④ 台紙直径 3.5cm×3枚
⑤ 布薔薇用(外側から1段目)4cm角×5枚
⑥ 布薔薇用(2段目)4cm角×5枚
⑦ 布薔薇用(3,4段目)3.5cm角×8枚
⑧ 布薔薇用(外側から1段目)4cm角×5枚
⑨ 布薔薇用(2段目)4cm角×5枚
⑩ 布薔薇用(3,4段目)3.5cm角×8枚
⑪ 布薔薇用(外側から1段目)4cm角×5枚
⑫ 布薔薇用(2段目)4cm角×5枚
⑬ 布薔薇用(3,4段目)3.5cm角×8枚
⑭ 小花台紙用布 1.7cm角×9枚
⑮ 小花(大)台紙直径 1.2cm×6枚
⑯ 小花(小)台紙直径 1cm×3枚
⑰ 布小花用 2cm角×5枚
⑱ 布小花用 2cm角×5枚、藤下がり用16枚
⑲ 布小花用 2cm角×5枚
⑳ 布小花用 2cm角×5枚、藤下がり用8枚
㉑ 布小花用 2cm角×5枚、藤下がり用8枚
㉒ 布小花用 2cm角×5枚、藤下がり用×4枚
㉓ 布藤下がり用 2cm角×8枚
㉔ 布藤下がり用 2cm角×16枚
㉕ 布小花用 1.5cm角×5枚
㉖ 布小花用 1.5cm角×5枚
㉗ 布小花用 1.5cm角×5枚
㉘ 2本足かんざし 11.5cm×1本
㉙ 24番ワイヤー適量
㉚ 刺繍糸(水色)適量
㉛ リリアン(または唐打ち紐)20cm×4本
㉜ 小花花芯用ラインストーンSS16×6個、SS12×3個
㉝ 下がり先端用6mmブルーレース×4個
㉞ 薔薇花芯用8mmパール×3個
㉟ Tピン×4本

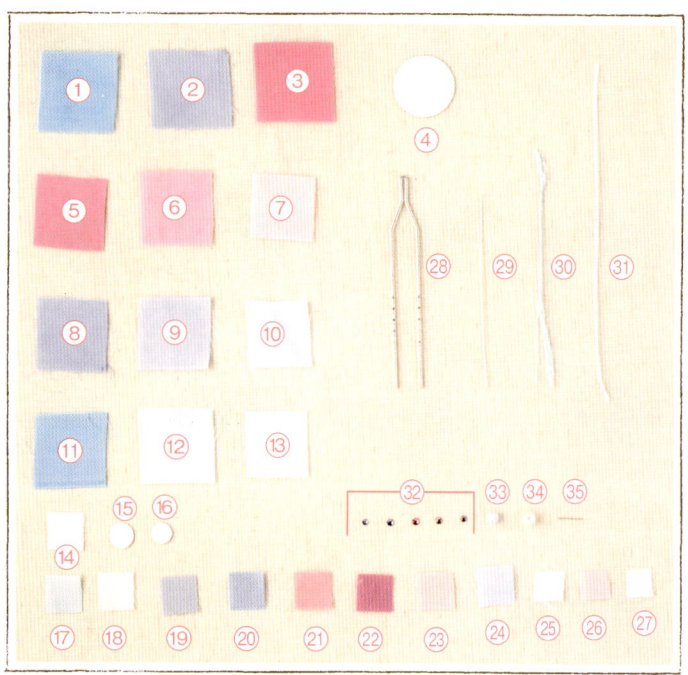

♦ 作り方

1　薔薇のパーツを作る
P53〜を参考に、ワイヤー付き平丸土台（P25参照）に薔薇のかたちに葺く。

2　小花パーツ大を作る
小花用2cm角の布で丸つまみを作り（P29参照）、ワイヤー付き平丸土台（P25参照）に花のかたちに葺く。中心にラインストーンを貼る。

3　小花パーツ小を作る
1.5cm角の布でも同様に花の形に葺く。中心にラインストーンを貼る。

4　下がり飾りを作る
P42を参考に、返しの工程を入れない丸つまみをリリアンの上に葺く。6mmブルーレースにTピンを通して丸め、先端に飾る。

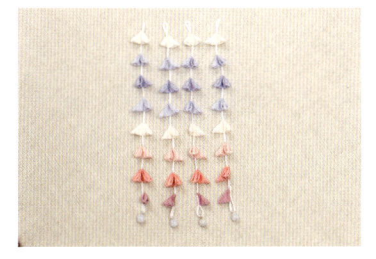

5　ワイヤーを折る
薔薇のパーツのワイヤーの根元から2.5cmの位置で折る。

6　パーツを巻き合わせる
2本をボンドと2本取りの刺繍糸で巻き合わせてから、もう1本を巻く。すべて同じ位置で巻き合わせる。

7　ワイヤーを折る
小花のパーツ大小は根元から3cmの所で折る。

8　小花パーツ小を巻き合わせる
薔薇のパーツの間に小花（小）が来るように、巻き合わせる。

9　小花パーツ大を巻き合わせる
8のすぐ隣に2つの小花（大）が並ぶように、1つずつ巻き合わせる。

10　かんざし金具につける
パーツをすべて巻き終えたら、先端をヤットコで丸めて輪にしたワイヤーを巻き合わせ、かんざし金具に巻きつける（P41参照）。

11　下がり飾りをつける
ワイヤーを輪にしたフックに下がり飾りをつける。ヤットコでかんざしの根元を45度の角度に起こす（P42参照）。

STAFF

撮影	熊原美恵
装丁・デザイン	岡本佳子（Kahito Commune）
ヘアメイク	柏崎祐美（LOG SALON）
モデル	大谷和音、杉本凪、三浦泉
イラスト	原山恵
撮影協力	LOG SALON (http://www.log-salon.com/)

資材購入先

- 貴和製作所（ビーズやアクセサリーパーツなど）……… http://www.kiwaseisakujo.jp/
- 工房和（つまみ細工専門店）……………………… http://ko-bo-kazu.ocnk.net/
- パーツクラブ（ビーズやアクセサリーパーツなど）…… http://www.partsclub.jp/
- みよし漆器本舗（箸）……………………………… http://www.rakuten.co.jp/miyoshi-ya/
- ユザワヤ（布など）………………………………… http://www.yuzawaya.co.jp/
- 吉田商事（ビーズやアクセサリーパーツなど）……… http://www.yoshida-shoji.co.jp/

著者　かのは

岐阜県生まれ。3歳から、母より花柳流日本舞踊を学ぶ。娘の七五三を機につまみ細工の制作を始める。ハンドメイドイベントや着物イベントを中心に出展活動中。オーダーメイドでの制作にも対応している。
http://ameblo.jp/tsumami-kanoha/

普段でも、特別な日でも身につけられる
華やかなつまみ細工のアクセサリー

NDC 594

2013年9月20日　発　行
2017年6月1日　第3刷

著　者	かのは
発行者	小川雄一
発行所	株式会社 誠文堂新光社
	〒113-0033　東京都文京区本郷3-3-11
	（編集）電話03-5800-3616
	（販売）電話03-5800-5780
	http://www.seibundo-shinkosha.net/
印刷所	株式会社 大熊整美堂
製本所	和光堂 株式会社

©2013, Kanoha.　　　　　　　　　　　　　　　　　　　　　Printed in Japan

検印省略
禁・無断転載
落丁・乱丁本はお取り替え致します。

本書に掲載された記事の著作権は著者に帰属します。
これらを無断で使用し、展示・販売・レンタル・講習会などを行うことを禁じます。
本書のコピー、スキャン、デジタル化等の無断複製は著作権法上での例外を除き、禁じられています。
本書を代行業者等の第三者に依頼してスキャンやデジタル化することは、たとえ個人や家庭内での利用であっても著作権法上認められません。

JCOPY〈（社）出版者著作権管理機構　委託出版物〉
本書を無断で複製複写（コピー）することは、著作権法上での例外を除き、禁じられています。本書をコピーされる場合は、そのつど事前に、（社）出版者著作権管理機構（電話 03-3513-6969／FAX 03-3513-6979／e-mail:info@jcopy.or.jp）の許諾を得てください。

ISBN978-4-416-31341-1